DIE KIRCHE IN IHRER GESCHICHTE

Gottfried W. Locher
Zwingli und die schweizerische Reformation

DIE KIRCHE IN IHRER GESCHICHTE

Ein Handbuch

begründet von Kurt Dietrich Schmidt und Ernst Wolf
herausgegeben von Bernd Moeller

Band 3, Lieferung J 1

Gottfried W. Locher

Zwingli und die schweizerische Reformation

VANDENHOECK & RUPRECHT IN GÖTTINGEN

ZWINGLI UND DIE SCHWEIZERISCHE REFORMATION

von

Gottfried W. Locher

VANDENHOECK & RUPRECHT IN GÖTTINGEN

INHALT

Abkürzungen		J 1
Literatur		J 4
I.	Die Schweiz im Reich zu Anfang des 16. Jahrhunderts	J 5
II.	Zwinglis Frühzeit	J 12
III.	Die Reformation in Zürich 1519–25	J 16
IV.	Die Bauernbewegung in der Schweiz in ihrer Beziehung zur Reformation	J 34
V.	Die Täufer	J 36
VI.	Bedrohung, Verteidigung, Vertiefung, Ausbau 1525–28/30	J 43
VII.	Berns Übertritt	J 47
VIII.	Hauptprobleme der Theologie Zwinglis nach der Professio (Expositio) Fidei 1531/36	J 50
IX.	Der Abendmahlsstreit	J 60
X.	Das Ringen bis zum Ersten Landfrieden 1529	J 68
XI.	Träger und Zentren der schweizerischen Reformation	J 71
XII.	Angriff, Niederlage, Verlust, Bestand. Der Zweite Landfriede 1531	J 79
XIII.	Die Waadt. Genf	J 87
XIV.	Bullinger. Der Spätzwinglianismus	J 90
XV.	Charakterzüge der deutsch-schweizerischen Reformationsbewegung	J 96

ISBN 3-525-52333-5

© Vandenhoeck & Ruprecht, Göttingen 1982 – Printed in Germany.
Ohne ausdrückliche Genehmigung des Verlages ist es nicht gestattet, das Buch oder Teile daraus auf foto- oder akustomechanischem Wege zu vervielfältigen. Gesamtherstellung: Hubert & Co., Göttingen.

Zwingli und die schweizerische Reformation

Von Gottfried W. Locher

Abkürzungen

AHVB = Archiv des Historischen Vereins des Kantons Bern
Baur I/II = A. Baur: Zwinglis Theologie. 2 Bde, 1885, 1889
BbayKG = Beiträge zur Bayerischen Kirchengeschichte
BBR = E. Staehelin: Buch der Basler Reformation. 1929
Bizer = E. Bizer: Studien zur Geschichte des Abendmahlsstreits im 16. Jahrhundert. 1940, Nachdruck 1962
Blanke Brüder = Fr. Blanke: Brüder in Christo. Die Geschichte der ältesten Täufergemeinde (Zollikon 1525), 1955
Blanke Ref = F. Blanke: Aus der Welt der Reformation. Aufsätze. 1960
Bloesch I/II = E. Bloesch: Gesch. der schweizerisch-reformierten Kirchen, 2 Bde 1898, 1899
BlWKG = Blätter für die Württembergische Kirchengeschichte
B.N. = Comité Farel: Guillaume Farel, Biographie Nouvelle. 1930
Brändly = W. Brändly: Geschichte des Protestantismus in Stadt und Land Luzern. 1956
BRZ = W. Köhler: Das Buch der Reformation Huldrych Zwinglis. 1926
BSERK = EFK. Müller
BT = Berner Taschenbuch
Büsser = F. Büsser: Huldrych Zwingli – Reformation als prophetischer Auftrag 1973
Bull I/II/III = H. Bullinger: Reformationsgeschichte, hg. v. JJ. Hottinger und Hh. Vögeli. 3 Bde 1838–1840
Bull Diarium = H. Bullinger: Diarium ... 1504–1574, hg. v. E. Egli, 1904
ChH = Church History
Cl = Luthers Werke in Auswahl, hg. v. O. Clemen, 8 Bde 1950
CO = Calvini Opera im CR
Cohrs = F. Cohrs: Die evangelischen Katechismusversuche vor Luthers Enchiridion, 5 Bde, 1900–1907
EA = Eidgenössische Abschiede
EAk = E. Egli: Aktensammlung zur Geschichte der Zürcher Reformation ... 1519–1533. 1879. Nachdruck 1973
EFK. Müller = Die Bekenntnisschriften der reformierten Kirche ... hg. v. E.F.K. Müller. 1903
Egli = E. Egli: Schweizerische Reformationsgeschichte I, 1519–1525, hg. v. G. Finsler. 1910
Egli Analecta = Analecta Reformatoria, hg. v. E. Egli. 2 Bde, 1899, 1901
Escher = H. Escher: Die Glaubensparteien in der Eidgenossenschaft und ihre Beziehungen zum Ausland ... 1527–1531. 1882
Feller = R. Feller: Geschichte Berns, 4 Bde, 1946–1960. Neudruck 1974
Finsler = G. Finsler: Zwingli-Bibliographie. 1897
Gäbler = U. Gäbler: Huldrych Zwingli im 20. Jahrhundert. Forschungsbericht und annotierte Bibliographie 1897–1972. 1975
Gäbler Wende = U. Gäbler: H. Zwinglis „reformatorische Wende". In: ZKG 1978, 120–135
Gagliardi = E. Gagliardi: Geschichte der Schweiz. 3 Bde. 4. Aufl. 1939

Gloede = G. GLOEDE (Hg.): Reformatorenbriefe. 1973
Guggisberg = K. GUGGISBERG: Bernische Kirchengeschichte. 1958
(GWL) Eigentumsbegriff = G. W. LOCHER: Der Eigentumsbegriff als Problem evangelischer Theologie. 2. A. 1962
– HZnS = G. W. LOCHER: Huldrych Zwingli in neuer Sicht. Zehn Beiträge zur Theologie der Zürcher Reformation. 1969
– ThZ I = G. W. LOCHER: Die Theologie Huldrych Zwinglis im Lichte seiner Christologie. I. Teil: Die Gotteslehre. 1952
– ZwRef = G. W. LOCHER: Die Zwinglische Reformation im Rahmen der europäischen Kirchengeschichte. 1979
H = ZWINGLI, Hauptschriften. Hg. v. F. Blanke, O. Farner, O. Frei, R. Pfister. Bde 1–4, 7, 9–11. 1940–1963
Haas = M. HAAS: Huldrych-Zwingli und seine Zeit. 1969. 2. A. 1976
HB Bibl = Heinrich-Bullinger-Bibliographie. Bd. I, Gedruckte Werke, bearb. v. J. STAEDTKE, 1972. – Bd. II, Literatur, bearb. v. E. HERKENRATH, 1977
HBGesA = Heinrich Bullinger 1504–1575. Gesammelte Aufsätze zum 400. Todestag. 2 Bde, hg. v. U. GÄBLER und E. HERKENRATH, 1975
HBLS = Historisch-Biographisches Lexikon der Schweiz. 7 Bde und Suppl. 1921–1934
HB Papers = Henry Bullinger 1504–1575. Papers read at a colloquium ... Bristol Baptist College 1975. (Vervielfältigter Bericht)
HBT = U. GÄBLER, E. ZSINDELY (Hg.): Bullinger-Tagung Zürich 1975. Vorträge. 1977
HBW = Heinrich Bullinger, Werke. Hg. v. F. BÜSSER
Herminjard = A.-L. HERMINJARD (Ed.): Correspondance des Réformateurs dans les pays de langue française ... 1512–1544. 9 Bde 1866–97
H. Meyer = H. MEYER: Der Zweite Kappeler Krieg. 1976
HSG = Handbuch der Schweizer Geschichte. 2 Bde, 1972, 1977
Jacob = W. JACOB: Politische Führungsschicht und Reformation. Untersuchungen zur Reformation in Zürich 1519–1528. 1970
Jenny = W. JENNY: Johannes Comander. 2 Bde, 1969. 1970
JSG = Jahrbuch für Schweizer Geschichte
Kessler Sabbata = J. KESSLER: Sabbata ... hg. v. E. EGLI und R. SCHOCH. 1902
Kirchenratsausgabe = ULRICH ZWINGLI, eine Auswahl aus seinen Schriften, hg. v. G. Finsler, W. Köhler, A. Rüegg. 1918
Künzli = HULDRYCH ZWINGLI, Auswahl seiner Schriften, hg. v. E. Künzli. 1962
Largiader = A. LARGIADER: Geschichte von Stadt und Landschaft Zürich. 2 Bde 1945
LuJ = Luther-Jahrbuch
L. v. Muralt Baden = L. VON MURALT: Die Badener Disputation 1526. 1926
L. v. Muralt Historiker = L. VON MURALT: Der Historiker und die Geschichte. Aufsätze. 1960
Maeder VM = K. MAEDER: Die Via Media in der Schweizerischen Reformation. 1970
MGBl = Mennonitische Geschichtsblätter
Moeller Reichsstadt = B. MOELLER: Reichsstadt und Reformation. 1962
Moeller Disputationen = B. MOELLER: Zwinglis Disputationen. In: ZSavRG 1970, 275–324; 1974, 213–364
Mörikofer = J. C. MÖRIKOFER: Ulrich Zwingli ... 2 Bde, 1867, 1869
MQR = The Mennonite Quaterly Review
Neuser Wende = W. H. NEUSER: Die reformatorische Wende bei Zwingli. 1977
Niemeyer = Collectio Confessionum in Ecclesiis Reformatis publicatarum. Ed. H. A. NIEMEYER. 1840
Niesel = Bekenntnisschriften und Kirchenordnungen der ... reformierten Kirche, hg. v. W. NIESEL. 2. A. 1938
NZZ = Neue Zürcher Zeitung
Oberman Werden = H. A. OBERMAN: Werden und Wertung der Reformation. 1977
OF I–IV = OSKAR FARNER: Huldrych Zwingli. 4 Bde (Bd. IV hg. v. R. Pfister). 1943–1960

OF ZwBr = Huldrych Zwinglis Briefe, übrs. v. O. FARNER. I (1512–1523) 1918. II (1524–1526) 1926. (alles was ersch.)
OS = JOANNIS CALVINI Opera Selecta. Ed. P. Barth, D. Scheuner, W. Niesel. Vol. I–V. 1926–1952
Pfister = R. PFISTER: Kirchengeschichte der Schweiz. I 1964; II 1974
QGTO = Quellen zur Geschichte der Täufer in der Ostschweiz. Hg. v. H. FAST. 1973
QGTS = Quellen zur Geschichte der Täufer in der Schweiz. Bd. I 1952; II 1973; IV 1974
Reformatio = Reformatio, Ev. Zts. für Kultur und Politik, Bern
Rich Anfänge = ARTHUR RICH: Die Anfänge der Theologie Huldrych Zwinglis. 1949
Rüsch = OSWALD MYCONIUS: Vom Leben und Sterben Huldrych Zwinglis. Latein. Text mit Übers., Einf. und Kommentar v. E. G. RÜSCH. 1979
RThPh = Revue de Théologie et de Philosophie
S = HULDREICH ZWINGLIS Werke, hg. v. M. Schuler & J. Schulthess. 10 Bde, 1828–1842; Suppl. 1861
Salat = JOHANN SALAT: Chronik ... bis 1534. 1886
SBAG = Schweizer Beiträge zur allgemeinen Geschichte
Schiess = T. SCHIESS: Briefwechsel der Brüder Ambrosius und Thomas Blaurer 1509–1567. 3 Bde 1908–1912
(E.) Staehelin BrA = E. STAEHELIN: Briefe und Akten zum Leben Oekolampads. 2 Bde 1927; 1934. Nachdruck 1971
(E.) Staehelin BBR = BBR
(E.) Staehelin Lebenswerk = E. STAEHELIN: Das theolog. Lebenswerk Oekolampads. 1939
(R.) Staehelin I/II = R. STAEHELIN: Huldrych Zwingli. 2 Bde 1895, 1897
SThU = Schweizerische Theologische Umschau
StT = Aktensammlung zur Geschichte der Berner Reformation, hg. v. R. STECK und G. TOBLER. 2 Bde 1923
Stumpf = JOHANNES STUMPF: Chronica ... hg. v. L. WEISZ. 2. A. 1932
Strickler = J. STRICKLER: Aktensammlung zur Schweizerischen Reformationsgeschichte ... 1521–1532 ... 5 Bde 1878–1884
SZG = Schweizerische Zeitschrift für Geschichte
UZ = Ulrich Zwingli. Zum Gedächtnis der Zürcher Reformation, 1519/1919. Hg. v. Berichthaus Zürich 1919
Viermännerbuch = H. NABHOLZ, L. V. MURALT, R. FELLER, E. DÜRR, E. BONJOUR: Geschichte der Schweiz. 2 Bde, 1932, 1938
Waldenmaier = H. WALDENMAIER: Die Entstehung der evangelischen Gottesdienstordnungen Süddeutschlands im Zeitalter der Reformation
Wernle II = P. WERNLE: Der evangelische Glaube nach den Hauptschriften der Reformatoren. II: Zwingli. 1919
WK I/II = W. KÖHLER: Zwingli und Luther – ihr Streit über das Abendmahl ... 2 Bde. I 1924. II (hg. v. E. Kohlmeyer & H. Bornkamm) 1953
WK Rek = W. KÖHLER: Das Marburger Religionsgespräch 1529 – Versuch einer Rekonstruktion. 1929
WK HZ = W. KÖHLER: Huldrych Zwingli. 1943. 2. A. 1954
WVj = Württembergische Vierteljahresblätter
Wyss = Chronik des BERNHARD WYSS 1519–1530, hg. v. G. FINSLER. 1901
Z = HULDREICH ZWINGLIS Sämtliche Werke, im CR, begr. v. E. EGLI. 1905 ff.
ZSG = Zeitschrift für Schweizerische Geschichte
ZSKG = Zeitschrift für Schweizerische Kirchengeschichte (kath.)
ZT = Zürcher Taschenbuch
ZTA = Zürcher Täuferaktion. QGTS I, hg. v. L. v. MURALT & W. SCHMID. 1952
ZwRef = (GWL) ZwRef
Zwa = Zwingliana, Mitteilungen zur Geschichte Zwinglis, der Reformation und des Protestantismus in der Schweiz. 1897 ff.
ZWLG = Zeitschrift für Württembergische Landesgeschichte.

Literatur

1. *Bibliographie:* G. FINSLER: Zwingli-Bibliographie (bis 1896), 1897. U. GÄBLER: H. Zw. im 20. Jh. (annotiert), 1972. – Dazu Zwa XV 54–56. Regelmäßige Anzeigen in ZWA.
2. *Akten:* Amtl. Samml. d. ält. eidg. Abschiede (EA). – J. STRICKLER: Aktensamml. z. schweiz. Ref-gesch., 5 Bde, 1878–1884. – E. EGLI: Aktensamml. z. Zürcher Ref., 1879, Neudruck 1973. – E. WALDER: Kaiser, Reich u. Ref., lat. u. dt. Quellen (Hist. Inst. Univ. Bern), 1974.
3. *Viten und Chroniken.* OSWALD MYCONIUS: De H. Zwinglii ... vita et obitu, Tiguri 1532; Editio E.G. RUESCH, lat. Text, Übers., Einführung u. Kommentar, 1979. – G. FINSLER: Chronik d. BERNHARD WYSS, 1901. – L. WEISZ: Chronica ... v. Leben ... Zwinglis d. JOH. STUMPF, ²1932. – E. GAGLIARDI, H. MUELLER, F. BUESSER: JOH. STUMPFS Schweizer u. Ref.-Chronik, 2 Teile, 1952/55. – E. EGLI: HCH. BULLINGERS Diarium, 1904. – J. J. HOTTINGER u. H.H. VOEGELI: HCH. BULLINGERS Ref.-Gesch., 3 Bde 1838–40. – Dazu Register v. W. WUHRMANN, 1913. – JOH. SALAT: Chronik ..., hrsg. 1869 (altgläubig). – E. EGLI u. R. SCHOCH; JOH. KESSLERS Sabbata, m. kleineren Schriften ..., 1911. – JOH. JAK. SIMLER: Sammlung alter u. neuer Urkunden ... 2 Bde, 1759/63. – Noch längst nicht ausgeschöpft ist des Verfassers große „SIMLERsche Sammlung" in d. ZB Zürich.
4. *Briefwechsel* Zwingli: Z VII–XI, s.u. – Vadian: hg. E. ARBENZ u. H. WARTMANN, 7 Bde, 1890–1913. – Bucer: Mart. Buc. Opp. Abt. III (in Vorb.). – Oekolampad: E. STAEHELIN, Briefe u. Akten z. Leben Oekolampads, 2 Bde, 1927/34, Nachdruck 1971. – Bullinger: Briefwechsel, begr. v. F. BUESSER, 1973 ff. – Ambrosius u. Thomas Blaurer, hg. v. T. SCHIESS, 4 Bde, 1908–12.
5. *Editionen* v. ZWINGLIS Werken: Opp., lat. GA v. R. GUALTHER, 4 Bde, Zürich 1539–45; 2.A., erw. durch epistolarum liber 1581. – Werke, hg. v. M. SCHULER u. J. SCHULTHESS, 8 Bde 1828–41; Suppl. 1861. – Sämtl. Werke (= CR 88ff.), begr. v. E. EGLI, 1905 ff., bisher 14 ½ Bde (nähert sich dem Abschluß). – Auswahleditionen: G. FINSLER, W. KOEHLER, A. RUEGG, 1918 („Kirchenratsausgabe"; fehlerhaft). – Hauptschriften, bearb. v. F. BLANKE, O. FARNER, R. PFISTER, O. FREI, 8 Bde, (oberdeutsch d. 16. Jh.). – Commentarius neudeutsch v. F. Blanke), 1940–63. – E. KUENZLI: H.Z., Auswahl seiner Schriften (empfehlenswert). – FR. LAU in: Der Glaube der Reformatoren, 1964. – *Einzelnes:* H.Z.'s Briefe, übers. v. O. FARNER, 2 Bde (bis 1526) 1918/20. – G. GLOEDE: Reformatorenbriefe, 1973 (hier 50 Zw.-briefe hg. v. G.W.L. u.a.). – L.v. MURALT u. O. FARNER: H.Z.: Von göttl. u. menschl. Gerechtigkeit, Sozialpolit. Schriften hg., 1934. – E.G. RUESCH: H.Z.: An den jungen Mann (Lehrbüchlein), 1957. – G.G. MURAS: H.Z., Christl. Anleitung, übertr., ²1977.
6. *Sprache:* W. SCHENKER: Die Sprache H.Z.'s im Kontrast z. Sprache Luthers, 1977 (Lit.).
7. *Darstellungen. Quellenwerke.* (H. ESCHER hg.): Ulrich Zwingli 1519/1919, 1919. – W. KOEHLER: Das Buch d. Ref. H.Z.'s ..., 1926. – H.J. HILLERBRAND: Brennpunkte d. Ref., 1967. – *Allgemein:* L.v. MURALT in HSG I, 1972. – M. HAAS: H.Z. und s. Zeit, ²1976. – G.R. POTTER: Zwingli, Cambridge 1976. – B. MOELLER: Dtschld. im Zeitalter d. Ref., ²1981. *Kirchengeschichtlich:* J.C. MOERIKOFER: U.Z., 2 Bde. 1867/69. – R. STAEHELIN, H. ZW., 2 Bde, 1895/97. – W. KOEHLER: H. Zw., 1943; ²1952. – O. FARNER: H.Z., 4 Bde 1943–1960 (Bd. 4 hg. v. R. PFISTER). – F. BUESSER: H.Z., Ref. d. proph. Auftrag, 1973. – R. PFISTER: KG d. Schweiz II, 1974. – G.W. LOCHER: Die Zwinglische Ref. im Rahmen d. europ. KG, 1979. – K. ALAND: Die Reformatoren, ²1980.
8. *Theologie.* E. ZELLER: Das theol. System Z's., 1853. – J.V.M. POLLET OP: Art. Zwinglianisme, DThC XV/2, 3745–3928, 1951. – G.W. LOCHER: Die Theol. Zw's im Lichte s. Christologie, I. 1952. – DERS.: Art. Zwingli II, RGG³ VI c. 1960–1970, 1962. – DERS. Grundzüge d. Theol. Z's, HZnS, 1969, 173–274. – DERS.: ZwRef, 1979, Kp. XI. – W. NEUSER in HDThG II, 1980, 167–208. – Weitere Lit. s. u. zu Kp. VIII.
9. *Historiographie.* K. GUGGISBERG: Das Zw-bild d. Prot. ... 1934. – F. BUESSER: Das kath. Zw-bild ..., 1968. – U. GAEBLER: H.Z. im 20. Jh., 1975.

I. Die Schweiz im Reich zu Anfang des 16. Jahrhunderts

G. Grosjean: Hist. Karte d. Schweiz, m. Beiheft, Kümmerly & Frey Bern, o. J. – H. C. Peyer: Verfassungsgesch. d. alten Schweiz, 1978. – W. Schaufelberger: Spätmittelalter, HSG I 358–388. – L. v. Muralt: Renaissance, ib. 389–430. – K. Mommsen: Eidgenossen, Kaiser u. Reich, 1958. – R. Hauswirth: Zur Realität d. Reiches in d. Eidgenossenschaft im Zeitalter d. Glaubenskämpfe, Festgabe L. v. Muralt, 1970, 152–161. – P. Blickle: Deutsche Untertanen, 1981.

1. Verfassung

Die „Städte und Länder des großen alten Bundes in oberdeutschen Landen" bildeten mit ihren „Zugewandten" Orten und ihren Gemeinen Herrschaften (Untertanenländern) eine politisch lockere, im Bewußtsein der Bewohner und des Auslands bereits gefestigte Einheit. Es handelte sich um die „Städte" Zürich, Bern, Luzern, Glarus, Zug, Freiburg im Uechtland, Solothurn, Basel und Schaffhausen mit ihren durch Eroberung oder Kauf erworbenen „Landschaften"; sowie um die „Länder" Uri, Schwyz, Unterwalden und Appenzell. Der „Ewige Bund" dieser *Dreizehn Orte* oder „Stände" bezweckte keinen Gesamtstaat, sondern im Gegenteil die Sicherung ihrer Souveränität. Hinzu kamen Verbündete, deren Verpflichtungen zu Militärhilfe und Schlichtung gegenüber dem Bund stärker waren als umgekehrt, doch war bereits diese Verbindung in der Nachbarschaft begehrt.

Zu diesen *„Sieben Zugewandten"* mit Zutritt zur Tagsatzung zählten: Der Fürstabt von St. Gallen, die Freie Stadt St. Gallen, Mühlhausen im Elsaß, Rottweil in Schwaben, Biel im Jura, die Drei Bünde [1] in Rätien, das Wallis. Unter den *weiteren Zugewandten*, ohne Zutritt zur Tagsatzung, ist die Grafschaft Toggenburg zu nennen, Zwinglis Heimat; obwohl „Untertanen" des Klosters St. Gallen, wachten sie über ihrer freien Verfassung und ihrem Landrecht mit Schwyz und Glarus; des Reformators Patriotismus hängt damit zusammen [2]. Obwohl nicht offiziell „zugewandt", pflegte u. a. das reiche *Straßburg* lebhafte Beziehungen zur Schweiz, desgleichen *Konstanz* mit seinen Rechten im Thurgau, Sitz des größten Bistums im Reich, dem auch die meisten Schweizer kirchlich zugehörten.

Die wichtigsten *Gemeinen Herrschaften*, meist kriegerische Eroberungen, waren: die Grafschaft Baden und die Freien Ämter im Aargau, der Thurgau, das Rheintal, das Gaster und Uznach, die Stadt Rapperswil, die Vogteien im Tessin, und bis 1529 die Grafschaft Neuchâtel. Sie wurden von den jeweils regierenden Orten abwechselnd durch Vögte beaufsichtigt, was in der Reformationszeit zu Spannungen führte. Die Vogteien leisteten Heerfolge und Steuern, doch beschworen die Vögte ihre alten Rechte. Die Gemeinden verwalteten sich selbst.

Es gab keine Zentralgewalt. Die häufige *Tagsatzung,* meist in Luzern oder Baden, beriet gemeinsame Angelegenheiten. Nur einstimmige Beschlüsse wurden ausgeführt. Nur in Angelegenheiten der Gemeinen Herrschaften hatte sich das Mehrheitsprinzip durchgesetzt; daraus sollte ein Hauptproblem des konfessionellen Gegensatzes entstehen. So hat die genossenschaftliche Struktur die Reformation erst geschützt und gefördert, dann gehemmt.

---

1 Gotteshausbund, Oberer (=Grauer) Bund und Zehngerichtebund waren vertraglich verbunden; endgültiger Zusammenschluß in Ilanz 1524. HBLS I 341. – 2 Z I 166, 8–17. – E. Kobelt: Die Bedeutung der Eidgenossenschaft für H. Zwingli, 1970. – 3 Erst der Westfä-

2. Verhältnis zum Reich

Nach außen grenzten diese Gebiete an die Grafschaft Tirol, Vorderösterreich vom Vorarlberg bis zum Breisgau, die Freigrafschaft Burgund, die Herzogtümer Savoyen und Mailand und die Republik Venedig. Das waren, abgesehen von Venedig, lauter habsburgische oder von Habsburg abhängige Mächte. Diese Umklammerung durch den Erbfeind, dessen Bedrohlichkeit trotz des Friedensschlusses (der „Erbeinung") von 1511 durchaus anhielt, bestimmte das distanzierte Verhältnis zum *Reich*. Bereits im 15. Jahrhundert hatten die Erfahrungen der Burgunderkriege und des Schwabenkrieges den Grund zur Entfremdung gelegt[3]. Der Widerstand gegen den Kaiser wird für die schweizerische Reformation keineswegs wie für die deutsche eine Gewissensfrage, sondern die Fortsetzung ererbter Wachsamkeit bedeuten. Doch nach wie vor bestanden zum Reich vielerlei rechtliche Verflechtungen; und bei der Kaiserwahl des Jahres 1519 traten die Eidgenossen für den Habsburger Karl V. ein gegen Franz I. von Frankreich, da dieses sonst übermächtig würde. Aber sie betonten ihre Reichsunmittelbarkeit. Alle miteinander aber, auch Zugewandte und „Untertanen" fühlten sich in erster Linie als „Eidgenossen". Immerhin: während bei den letzteren eine gewisse Bestrebung zu engerem, gleichberechtigtem Zusammenschluß herrschte, war für die Alten Orte die Eidgenossenschaft in erster Linie ein Instrument zur Wahrung ihrer Souveränität. Diese Tendenzen strömten auch in die Kämpfe um die Reformation ein. Allgemein aber leitete die Abwehr des Römischen Rechts durch den Schwabenkrieg zu einer tieferen Differenz im Rechtsempfinden über. Römisches, d.h. kodifiziertes und damit wandelbares Recht bedeutet den Vorrang der Neuregelung. Im germanischen Herkommensdenken ist zunächst das alte das „gute" Recht. Hier muß die Reformation, um „im Recht" zu sein, den Vorwurf der Neuerung widerlegen. In Deutschland muß der Protestantismus sein neues Recht erringen, in der Schweiz muß er sein altes Recht nachweisen. Das Schriftprinzip, wie es die Zürcher Disputationen und seither die Reformierte Theologie handhaben, hängt damit zusammen.

3. Außenpolitisch

Die als kulturell rückständig und unzivilisiert geltende[4] Schweiz war isoliert. Zu ihrer Unbeliebtheit trug bei, daß sie trotz ihrer bedeutenden militärischen Kräfte[5] sich nicht an der Verteidigung Europas gegen die Türken beteiligte. Als Länder der zentralen Gebirgspässe waren die Schweiz und Graubünden, ähnlich wie der Papst, an einem gewissen Gleichgewicht zwischen Österreich-Spanien und Frankreich interessiert. Nach dem Zusammenbruch eigener Großmachtpolitik (Niederlage bei Marignano gegen Frankreich 1515)[6] entwickelte sich für den Gesamtbund langsam das Neutralitätsprinzip, das in mannigfacher Weise in die Reformationsgeschichte hineingewirkt hat.

---

lische Friede 1648 brachte die rechtliche Lösung. — 4 Auch Luther in Marburg: WK Rek 76–79; Melanchthon am Augsburger Reichstag vor 22. Sept. 1530, Mel.-Studienausgabe VII/2, 305f. — 5 W. SCHAUFELBERGER: Der Alte Schweizer und sein Krieg, ²1966 (Lit.). — 6 E. DUERR: Eidgenöss. Großmachtpolitik im Zeitalter d. Mailänderkriege, Schweizer Kriegsgesch. Bd. II, 8. Kap., 1933. — 7 Überblick über die Verfassungen bei L. V. MURALT in

I. Die Schweiz im Reich zu Anfang des 16. Jahrhunderts

4. Innenpolitisch

Dabei wurden ebenfalls diverse Spannungen virulent. Die Reformation hatte ihren Ursprung in den fortschrittlicheren Städten[7]; durch die Organisation von Landeskirchen förderte sie die Staatwerdung[8]. Sie stieß namentlich in der konservativen Innerschweiz auf den Reichtum kräftig lebendiger Korporationen. Konkret hielt die Innerschweizer Politik von jeher ein wachsames Auge auf den Korridor der Gemeinen Herrschaften Baden und Freiamt, denn sie mußte die Getreidezufuhr von Norden her sicherstellen. Als die Brückenköpfe Bremgarten und Mellingen reformiert und Zürich und Bern dadurch unmittelbar verbunden wurden, gab es Krieg. Ferner sollte sich auswirken, daß Zürichs Aspirationen im Osten, diejenigen Berns, des mächtigsten Stadtstaates nördlich der Alpen, im Westen lagen.

5. Soziale Zustände

Verfassungspolitisch waren die Verhältnisse bei allen Unterschieden zwischen Stadt- und Landgebieten ähnlich. Weitaus die meisten Bewohner gehörten dem Bauernstand an und trugen dementsprechend gegenüber Grund- und Gerichtsherren, Kirche, Kloster oder Stadt die Zehnten- und Zinsverpflichtungen, wie sie der mittelalterliche Feudalismus in ganz Europa erzeugt hatte und die infolge der Veränderung der Herrschaftsverhältnisse längst aus einer persönlichen zu jener rein dinglichen Beziehung geworden war, auf der die gesamte Wirtschaft beruhte. Doch sind im schweizerischen Raum einige Besonderheiten zu beobachten. 1. Herrschte überall die genossenschaftliche Selbstverwaltung. In den Dörfern wählten die Bauern ihre Untervögte, in den Städten die Bürger ihre Schultheißen und Räte selber. 2. Der von den regierenden Orten eingesetzte Landvogt übte (nur) Oberaufsicht, Steuereinzug, militärisches Aufgebot sowie die hohe und/oder niedere Gerichtsbarkeit aus. Sein durch die Reformationsbewegung veranlaßtes Eingreifen ins Kirchenwesen war etwas Neues. 3. Für den Ausbau einer bestimmten Landeshoheit war in der Regel die niedere Gerichtsbarkeit entscheidend. 4. Leibeigenschaft und Hörigkeit waren nahezu verschwunden; auch wo sie dem Neuen nach noch bestanden (wie im Thurgau), war die Ausübung fast erloschen. Wo die Reformation mit den Resten aufräumte, wie im Gebiete Berns, leisteten die Betroffenen mitunter Widerstand, da die Freiheit die Pflicht zur Heerfolge enthielt. 5. Wirtschaftlich dominierte ein breiter Mittelstand. Der Bauer war im Allgemeinen wohlhabend und weniger krisenanfällig als der städtische Handwerker. 6. Politische Entscheidungen lagen auf dem Land bei den Landsgemeinden, in den Städten beim Großen Rat[7]. Hingegen waren zur Ausübung des mannigfaltigen, sehr zeitraubenden politischen Lebens (oft drei Tage der Woche) zu Stadt und Land nur ein kleiner Kreis von vermöglichen Aristokraten fähig[9], wozu dann oft die „Pensionen" die Voraussetzungen bildeten. 8. Auch die Bauernrepubliken, besonders der Innerschweiz, waren keine echten Demokratien. Die Landsgemeinden mit ihren offenen Abstimmungen wurden nicht selten von wenigen Mächtigen

HBS I 548–557. – 8 A. Largiader: Untersuchungen zur zürcherischen Landeshoheit, 1920. – H. Rennefahrt: Grundzüge der bernischen Rechtsgeschichte, 4 Teile, 1928/36. – A. Gasser: Entstehung u. Ausbildung d. Landeshoheit im Gebiet d. schw. Eidgenossensch., 1930. – 9 W. Jakob: Politische Führungsschicht u. Ref., 1970. – 10 L. v. Muralt, Viermännerbuch I

gelenkt. Namentlich hatten diese Bauern selbst wieder bäurische Untertanen[10]. 9. Überhaupt hob sich auch auf der Landschaft überall eine privilegierte „Ehrbarkeit" von der Masse ab. 10. Keine Herrschaftstendenz, weder städtische noch ländliche, konnte in der Schweiz zu wirklicher Unterdrückung führen, denn seit den Freiheitskriegen war jeder Mann vom 16. bis 60. Lebensjahr bewaffnet und wehrpflichtig[11]; die Ausrüstung wurde auf Zünften und Dörfern jährlich kontrolliert. Keine Obrigkeit konnte eine einschneidende Maßnahme, z.B. eine Reformation, gegen den Willen des Volkes durchsetzen, 11. Von all diesen Zuständen bildete die „Alte Landschaft" der Fürstabtei St. Gallen die Ausnahme. Hier war bereits eine absolutistische Herrschaft mit harten Formen entwickelt. Auch das spielte in den Dispositionen des reformierten Zürich eine Rolle[12].

6. Wirtschaft[13]

Die Innerschweiz mit Luzern lebte von der Alpwirtschaft und dem Saumverkehr über den Gotthard. Sie war von der reibungslosen Getreidezufuhr aus dem Elsaß abhängig. Zürich beherbergte eine bedeutende Seidenindustrie, *St. Gallen* eine weltberühmte Leinenproduktion, *Basel* war ein Verkehrs- und Handelszentrum mit nicht zunftgebundener Papierherstellung und Buchdruckerkunst. In *Bern* sammelten sich Landrenten und die Zölle der Österreich entrissenen Aargauischen Straßen. In allen Städten verfochten die Kaufleute den Freihandel, die Zünfte den Protektionismus. Die bedeutenden Handelsprivilegien schweizerischer Kaufleute beruhten auf Soldverträgen u.a. mit Frankreich (1516, 1521) und mit Mailand. So mußte ein reformatorisches Vorgehen gegen den Solddienst die gesamte Volkswirtschaft erschüttern. Das *Bauerntum* blieb auch in der Schweiz von seiner gesamteuropäischen Unruhe nicht unberührt, infolge seiner beschriebenen wirtschaftlichen und gesellschaftlichen Stellung kam es aber in Verbindung mit der Reformationsbewegung nur zu einzelnen, kurzen Aufständen, die mit dem Institut des Zehnten zusammenhingen.

7. Fremde Kriegsdienste[14]

Das „Reislaufen" hatte eine uralte Tradition, die sich längst als „gutes Recht" ins allgemeine Bewußtsein gesenkt hatte. Nur verantwortungsbewußte Magistrate, Humanisten und vom Mangel an Arbeitskräften betroffene Zünfte und Dörfer empfanden das ethische, politische und volkswirtschaftliche Problem. Die Anläufe zur Eindämmung von Seiten einzelner Regierungen oder der Tagsatzung blieben immer wieder stecken; auf Verbote folgte regelmäßig deren Aufhebung, auf Bestrafungen (Verbannung) die baldige Begnadigung. Die ganz Europa überraschenden Siege über Karl den Kühnen von Burgund machten den schweizerischen Fußkämpfer zum begehrtesten Söldner aller Fürsten, besonders der Päpste und der französischen Könige. Daran änderte sich auch nichts, als einige schwere Niederlagen

318. — 11 A. GASSER: Gesch. d. Volksfreiheit u. der Demokratie, 1939. — 12 G. THUERER: St. Galler Gesch. I, 1953. — 13 A. HAUSER: Schweiz. Wirtschafts- u. Sozialgesch., 1961. — 14 W. SCHAUFELBERGER (o. Anm. 5). G. W. L. Zw.Ref. 25–30 (Lit.). — 15 Z.B. J. HAENE: Die

(Marignano 1515, Biccoca 1522, Pavia 1525) die Überlegenheit der neuen Artillerie bewies. Die Historiker[15] argumentieren in der Regel, daß die „übervölkerte" Schweiz, deren Alpwirtschaft im Gebirge nicht viele Arbeitskräfte benötigte, auf diesen Export ihrer Manneskraft angewiesen war. Für die Bewilligung der Söldnerwerbung bezogen die Staatskassen, die sonst nur geringe Einkünfte hatten, feste Jahrgelder; noch wichtiger waren Verkehrs- und Handelsprivilegien. Darüber hinaus erhielten die Ratsherren, deren Befürwortung sich der französische oder päpstliche Gesandte sichern wollte, weitere erhebliche „Pensionen". Die Annahme derselben wurde nicht einmal mehr als unehrenhaft empfunden; für zahlreiche Politiker, die keinem eigenen Verdienst mehr nachgehen konnten, wurde sie selbstverständlich. Das Zeugnis der Zeitgenossen, besonders der Chronisten, weist demgegenüber auf die verhängnisvollen Schäden dieses Systems hin: die Verführung ganzer Jungmannschafts-Generationen zur Beutesucht, ihre Dezimierung, Verrohung und Entwöhnung von alltäglicher Arbeit; infolgedessen Hunger in den Hochtälern und Niedergang des Gewerbes in den Städten; Seuchen; Auflösung der Familien; Abhängigkeit der „freien", aber käuflichen Eidgenossen vom Spiel der Großmächte.

8. Kirchliches Leben

Die Rührigkeit des Klerus, auch der Reformeifer Ernstgesinnter waren ähnlich wie in Süddeutschland. Die Priesterschaft verfügte über die Sakramente, damit über das Seelenheil aller. Der Glaube an die Kirche als Torhüterin zur Ewigkeit schlug sich in unersättlichem Wunderglauben nieder, der z.B. den Jetzer-Betrug[17] in Bern möglich machte, der weiterum ein Jahrzehnte anhaltendes Aufsehen erregte und auch die konfessionelle Polemik verbittern half. Massen wallfahrteten zu heilbringenden Bildern; am Tag der Engelweihe empfing die schwarze Muttergottes in Einsiedeln Zehntausende aus ganz Europa. Desgleichen hatte das schwungvolle Ablaßwesen jenen Kirchenbegriff zur Voraussetzung. Der Münsterbau in Bern wurde mit „Romfahrten" an die Aare finanziert, welche Papst Sixtus IV. 1479, natürlich in Verbindung mit einem Soldvertrag, bewilligte. Im gleichen Sinn wurden 1514 die sieben Kirchen Zürichs nach den Hauptkirchen Roms benannt. Doch abgesehen von der bedenklichen Lebensführung vieler Kleriker, welche die Schweiz mit allen Ländern teilt, war die Kirche nicht besonders verfallen, was die Reformatoren als ihre Verderbnis empfanden, waren nicht diese oder jene Mißstände, sondern die Motive des kirchlichen Lebens selbst.

Die bischöflichen Verbesserungsbemühungen konzentrierten sich auf die Verwaltung. Aber mit Organisation war dem Übel nicht beizukommen. Ergreifend

---

Kriegsbereitschaft d. alten Eidgenossen, Schw. Kriegsgesch., Bd.I, 1915. – HBLS III 317–323. – 16 LARGIARDER I 281–291. FELLER II 85–109. K. GUGGISBERG 13–48. H. MORF: Obrigkeit u. Kirche in Zürich bis z. Beginn d. Ref., Zwa XIII, 164–205 (1970). – 17 Dem somnambulen Schneidergesellen *Hans Jetzer*, seit 1506 Novize im Predigerkloster zu Bern, bestätigte 1507 die Mutter Gottes in einer Vision persönlich die Richtigkeit der dominikanischen Lehre gegen die franziskanische von der unbefleckten Empfängnis. Das Kloster beutete das Wunder weidlich aus. Nach stets dramatischeren Erscheinungen der hl. Jungfrau wurde bei ihrem Auftreten in der Klosterkirche der verkleidete Jetzer erkannt. Nach zwei peinlichen Prozessen wurden vier Vorsteher zum Feuertod verurteilt, Jetzer verbannt; er verkam und starb um 1514 in seiner Heimat Zurzach. Ob Jetzer oder die Mönche die eigentlichen Betrüger waren, bleibt ungeklärt. HBLS IV 403 (Lit.). H. v. GREYERZ: Der Jetzerprozess u. d. Humanisten AHVB 31, 1932, 233–299 (Lit.). – 18 BBR 1–5. – STATUA synodalia, Basel 1503. – 19 Z I

war der Versuch einer Reform der Geistlichkeit durch den Basler Christoph von Utenheim; seine Synodalstatuten[18] sollten Zucht und mystische Innerlichkeit pflanzen; sie scheiterten am Unwillen. Fromme Kleriker und Laien versanken nach den hundertjährigen vergeblichen Verbesserungsbemühungen in Hoffnungslosigkeit. Bei Zwingli läßt sich früh ein Durchbruch durch die Resignation erkennen. Nicht unterschätzt werden darf die seelische Lähmung des Klerus durch das Zölibatsproblem. Hier wurde besonders klar, was nottat[19]: die Befreiung von Menschengeboten und die Vergebung der Sünden. Keine „Reform" konnte dorthin führen.

Obrigkeitliche Eingriffe in die kirchliche Verwaltung hatten in der Schweiz eine alte Tradition und galten deshalb keineswegs als Unrecht[20]. Auch die Regelung des Lebens der Untertanen durch Mandate hatte längst begonnen. Hier verbanden sich alte religiöse mit neuen „staatlichen" Grundsätzen. „Einer jeden·Stadt Regiment ist dazu gestiftet, Gottes Ehre zu öffnen und allem Unrecht, besonders grober Sünde und Missetat, nach Ordnung der heiligen Christenheit zu wehren"[21]. Darin lag eine rechtliche und psychologische Vorbereitung des reformatorischen Gemeindeprinzips.

9. Humanismus[22]

Wir setzen die allgemeine Kenntnis des Humanismus, insbesondere des Erasmus[23], voraus und heben nur die Beziehungen zur Schweiz hervor.

Der Humanismus war keineswegs nur eine literarische, sondern eine auf individuell-ursprüngliches Leben und auf ein persönliches Verhältnis zur Welt zielende Bewegung[24]. Nördlich der Alpen breitete er sich außer durch seine Bücher dadurch aus, daß er mit seinem Bildungsideal auf die von der Devotio moderna getragenen Schulen Einfluß gewann. In die alten Universitäten, auch in Basel, vermochte er kaum einzudringen. Dafür stifteten Fürsten und Städte Latein- und Hochschulen. Noch typischer aber ist der Privatgelehrte, der nur im Geist beheimatete Literat. In der bodenständigen Schweiz taucht er selten auf, doch sowohl Erasmus wie Ulrich von Hutten haben sie berührt.

Die alemannische Schweiz hatte bereits im 15. Jahrhundert namhafte Humanisten hervorgebracht[25]. Sie waren beteiligt an einer reichen Chronik-Literatur und an der Entwicklung der oberdeutschen Schriftsprache des 16. bis 18. Jahrhunderts.

Das konservative Bern[26] freilich verhielt sich spröde. Seine Leuchte, *Heinrich Wölflin* (Lupulus), 1470–1532 (?) blieb lang im Mittelalter verwurzelt. Doch brachte er seine Lateinschule zu hohem Ansehen; Zwingli und Manuel gehörten zu seinen Schülern. Als Chorherr machte er noch 1518 für den Ablaßkrämer Samson Reklame und pilgerte 1520 ins Heilige Land. Danach wurde er eifrig evangelisch und heiratete. Inzwischen wirkte sich Rottweils Verbindung mit Bern aus. Dort

189–209. – 20 Schon der „Pfaffenbrief" von 1370 verpflichtete die Kleriker zum Treueid und bei weltlichen Händeln auf das heimatliche, weltliche Gericht. HSG I 270. – 21 R. WACKERNAGEL: Gesch. d. Stadt Basel, II, 1916, 871. – 22 L. v. MURALT HSG I, 1972 (Lit.). – P. JOACHIMSEN: Der Hum. u. d. Entw. d. dt. Geistes, Dt. Vtjschr. f. Lit.-wiss. u. Geistesgesch., 1930. – J. NADLER: Lit.-gesch. d. dt. Schweiz, 1932. – 23 J. HUIZINGA: Erasmus, dt. v. W. KÄGI, ⁴1951. – C. AUGUSTYN: Erasmus en de Reformatie, 1962. – R. STUPPERICH: Erasmus, 1977. – 24 G. W. L.: Zwingli und Erasmus, Zwa XIII/1 (1969) 37–61; 39–41. – 25 LARGIARDER I 295–305. – 26 H. v GREYERZ: Studien z. Kulturgesch. d. Stadt Bern a. E. d. MA's, AHVB 35/2, 1940. – 27 Rüsch 9–13. – 28 HBLS VII 613. – ZwRef 378. – 29 O. F.

gehörten bereits Myconius, Glarean und Berchtold Haller zu den Schülern Michael Röttlis (*Rubellus*), gest. 1519 (?); seit 1510 wirkte dieser in Bern. Seit 1518 half ihm hier sein Mitbürger Melchior Rot, gen. *Volmar*, 1497–1561. Dieser ging 1521 nach Paris, dann nach Orléans und Bourges, wo Calvin und Beza bei ihm studierten. Durch die Edikte von 1534 vertrieben wurde er Professor der Rechte in Tübingen. Ebenfalls aus Rottweil stammte Valerius *Anshelm* (Rüd), 1475–1547, seit ca. 1506 Schulmeister, dann Stadtarzt in Bern, das ihn 1525 wegen evangelischer Reden seiner Frau auswies, aber 1529 zurückrief. Sein Hauptwerk ist eine kraftvoll schildernde Berner Chronik. Aus Luzern stammte Oswald *Myconius*[27] (Geisshüsler), 1488–1552, Erasmus-Verehrer, seit 1510 Lehrer in Basel, seit 1516 in Zürich, seit 1520 in seiner Vaterstadt; als Freund Zwinglis mußte er 1522 weichen, wurde 1522 als Leiter der Fraumünsterschule enger Mitarbeiter Zwinglis, 1532 Ökolampads Nachfolger als Antistes in Basel; er hat Erasmus die Leichenrede gehalten. Zum Basler Humanismus ist *Thomas Wyttenbach*[28], 1472–1526, zu rechnen, in Basel war er Lehrer Juds und Zwinglis. Als Leutpriester seit 1507 in seiner Heimatstadt Biel predigte er dort seit 1523 gegen heftige Widerstände reformatorisch. Der Schweizer des Erasmus-Kreises, der über die Grenzen die weiteste humanistische Berühmtheit erlangte, war Heinrich Loriti von Mollis im Glarnerland (*Glareanus*)[29], 1488–1563. Als Freund Zwinglis und Internatsleiter in Basel und in Paris flößte er jungen Landsleuten seinen Patriotismus ein. Wie Erasmus brach er 1523 mit Zwingli. Er siedelte 1529 nach Freiburg/Br. über, wo er eine bedeutende literarische Wirksamkeit entfaltete (Dodekachordon, 1547). Seinen außerordentlichen Einfluß auf die gebildete Jugend teilte er aber mit einer Leuchte der Wiener Universität: *Joachim Vadianus*[30] (von Watt), 1484–1551, aus St. Gallen. Er war als Humanist westeuropäischer Prägung, d.h. mit Schwerpunkten in der Politik und der Geographie, als Arzt, Bürgermeister und Reformator der Repräsentant der Bewegung in der Ostschweiz. Nach glänzend versehener Professur (Rektor 1517) kehrte er 1518 zurück, um der Heimatstadt zu dienen.

Damit stehen wir bei einem einzigartigen Phänomen. Die humanistische Gelehrtenrepublik war grundsätzlich weltbürgerlich. Aber zwischen 1510 und 1520 hat es nicht nur einen Humanismus in der Schweiz, sondern einen programmatischen *Schweizerischen Humanismus*[31] gegeben, einen zielbewußt kooperierenden Freundeskreis von jüngeren Pädagogen, welche die schweizerische Kulturnation schaffen wollten. Ihre Aktivitäten waren: Intensiver persönlicher Kontakt mit Besuchen, Korrespondenzen und laufender Information; Erziehung zahlreicher Schüler im eigenen Hause, die man einander dann zu weiterer Unterrichtung zusandte; neben dem Studium der antiken Historiker eifrige Erforschung der Schweizergeschichte; geographische und naturwissenschaftliche Erkundung der Heimat. Das Ziel der Bemühungen war die Heranbildung einer veredelten Führungsschicht mit reformerischem Nationalgefühl unter Bekämpfung aller Korruption. Dabei sind der elitäre Stolz und der übliche Humanistenhochmut bei Lehrern und Schülern nicht zu übersehen. Seit 1520 sank die Hochstimmung und lockerte sich der Zusammenhang. Vadian wurde Stadtarzt, Xylotectus und Myconius Schulmeister, Zwingli

FRITZSCHE: Glarean, 1890. – 30 W. NAEF: Vadian. 2 Bde., 1944/57. – C. BONORAND: Vadian-Forschung, Zwa XI/9 (1963) 586–606. – 31 W. NAEF: Schweiz. Hum., zu Glareans Helvetiae Descriptio, SBAG V, 1947, 186–198. – H. v. Greyerz (Anm. 26) 431 ff. – G. W. L. ZwRef 51–54.

Leutpriester; niemand fand mehr Zeit, an der pädagogischen Provinz zu bauen. Entscheidend war wohl, daß in Zwinglis Predigt neue Wertmaßstäbe durchbrachen. In der Tradition der Pädagogen und Historiker beider Konfessionen aber lebte der Schweizerische Humanismus lange fort.

II. Zwinglis Frühzeit

RUESCH (Myc.) 36–47. – Bull. I 6–11. – J. M. USTERI: Initia Zwinglii, ThStKr. 1885 (grundlegend). – DERS.: Zw. u. Erasmus, 1885. – WKHZ 1943, 1–45. – OF I 1943, II 1946. – A. RICH: Die Anfänge d. Theol. Zw's., 1949. – J. ROGGE: Zw. u. Erasmus, 1962. – DERS.: Die Initia Zw's u. Luthers, LuJ 1963, 107–133. – HAAS 1969, ²1976, 11–60. – G. W. L.: Zw. u. Erasmus, Zwa XIII/1, 1969, 37–61. – J. F. G. GOETERS: Zwinglis Werdegang als Erasmianer, Festschrift R. Stupperich, 1969, 255–271. – Büsser 9–20. – W. H. NEUSER: Die reformator. Wende b. Zw., 1977. – U. GAEBLER: H. Zw's „reformator. Wende", ZKG 1978, 120–135. – ZwRef, 1979, 55–82.

1. Kindheit. Schulen

Ulrich (so die Taufe), Huldrych (so die Unterschrift) Zwingli kam am Neujahrstag 1484 als dritter Sohn des Ammanns Ulrich Zwingli und der Margaretha geb. Bruggmann in Wildhaus[1] im Toggenburg zur Welt. Die Familie, zahlreich, sittenstreng, vermögend[2], war geachtet und hielt kräftig zusammen. Sie lebte von Alpwirtschaft und Paßverkehr; ehrenamtlicher Dienst in der Gemeindepolitik war Tradition. Auf sein Bauerntum blieb der Reformator stolz[3]; religiöse Naturgefühle kennt er nicht[4]. Den begabten „Uoli" nahm mit sechs Jahren sein Ohm *Bartholomäus Zwingli*, beliebter Priester zu *Weesen* am Walensee, zu sich. Daß dieser ihn später nach Wien lenkte, deutet auf humanistische Interessen. Zunächst wurde dem Knaben die gewissenhafte Führung eines spätmittelalterlichen Pfarramts anschaulich[5]. Mit zehn Jahren gab ihn der Ohm an den jungen Schulmeister *Gregorius Bünzli*[6] zu St. Theodor in *Basel* weiter, wo er die Trivialfächer und Anfangsgründe der Musik erlernte. Etwa 1497 kam er zu *Lupulus*[7] nach *Bern*[8]. Hier las man bereits Klassiker. Als die Dominikaner den Burschen mit der schönen Stimme in ihr Kloster gelockt hatten, griffen Oheim und Vater ein und schickten ihn auf WS 1498 nach Wien.

2. Studentenjahre

1. *Wien.* An der Artistenfakultät immatrikuliert und seltsamerweise zur „Natio Australium" eingeteilt lebte der Jüngling im Einflußbereich hervorragender Lehrer des *osteuropäischen Humanismus* wie Celtes, Cuspinian u.a.; doch erwähnen er und seine Biographen dieselben nie. Wir wissen über seine innere Vorgeschichte

---

1 1098 m ü. M. – 2 Die „Zwinglihütte" kann besucht werden. – 3 Z III 106, 21 ff. – 4 Die vielkolportierte humanistische Reflexion des Myconius (Rüsch 37), „die Nähe des Himmels habe ihn (Zwingli) dem Göttlichen näher gebracht", ist wörtlich gemeint. – 5 E. EGLI: Weesen ... Zwa II/16, 1912, 491 ff. – W. AMMANN: Die Ref. im Gaster I, Zwa VII/4, 1940, 211 ff. – 6 Z VII 260. – 7 Kp. I bei Anm. 26. – Z VII 534. – 8 A. FLURI: Die bernische Stadtschule ... BT 1893, 51 ff. – 9 G. FINSLER: Zwinglis Ausschluß ... Zwa II/15, 1912,

wenig. Gar nichts wissen wir über seine Relegation[9]; zum SS 1500 ist er aufs neue eingeschrieben, diesmal, wie für Schweizer üblich, bei der „Rheinischen Nation"[10].

2. Was die Lücke 1499–1500 angeht[11], halte ich mich an die eindeutige Notiz des zuverlässigen, Zwingli nahestehenden Konstanzer Korrespondenten *Gregor Mangolt*[12] und rechne mit einem Studienjahr in *Paris*[13], der Hochburg der via antiqua. Nur dieses erklärt die kräftigen thomistischen Züge in Zwinglis Theologie.

3. Nach der Fortsetzung in Wien studierte der junge Mann seit dem SS 1502 in *Basel*. Zugleich übernahm er – 18jährig – die Schulmeisterstelle an St. Martin. Zu seinen Kommilitonen gehörten Johannes Dorfmann (Comander), später Reformator Graubündens, Nicolaus von Wattenwyl, Wegbereiter der Reformation in Bern, und der zum engsten Mitarbeiter gewordene Leo Jud aus Gebweiler im Elsaß. Zwingli promovierte 1504 zum Baccalaureus, anfangs 1506 zum Magister artium. Dann „begab er sich gar uff die theologiam"[14], hatte also bereits vorher damit begonnen. Auch von diesen neun Basler Semestern wissen wir wenig. Die sonst seltene „Konkordie" zwischen via moderna und antiqua bestimmte die Atmosphäre; letztere überwog. Sententiarius war *Thomas Wyttenbach*[15] aus Biel. Der Theoretiker des oberdeutschen Predigtgottesdienstes, *Johann Ulrich Surgant*[16], machte in seinem oft aufgelegten „Manuale Curatorum" von 1503 bereits die Auslegung biblischer Texte dem Pfarrer zur „vornehmsten Pflicht"[17].

3. Glarus

Noch 1506 wurde der erst 23jährige zum Pfarrer des Standeshauptortes *Glarus* gewählt. Drei oder vier Kapläne halfen ihm bei der weitläufigen Arbeit. Mehrfach, so 1513 und 1515, begleitete er seine Glarner auf den Feldzügen nach Italien. Fünf Tage vor der Niederlage bei Marignano 1515 hielt er bei Monza vergeblich eine zu Einigkeit mahnende Predigt. Als pfarramtliche Pflicht empfand er auch den politischen Einsatz für die *Treue zum Römischen Stuhl*. So zog ihn *Kardinal Schiner* in seinen Kreis; Rom sicherte sich den wichtigen Mann durch die hohe Jahrespension von 50 Gulden. Im deutsch und lateinisch verfaßten „Fabelgedicht vom Ochsen"[18], 1510, warnte „der pfaff" in Gestalt des Wachthundes bereits vor der Bestechung durch fremdes Geld. Doch galt ihm die Beziehung zum Papst noch als gut patriotisch. Allmählich aber machten ihn die Folgen der Feldzüge und der Pazifismus des Erasmus zum Gegner *jeglichen Solddienstes*. Das bezeugt der nur

---

466–471 (Faksimile). – OF I 184–194. – WK HZ 18–21. – ZwRef 60. – In der Matrikel des WS 1498/99 ist Zwinglis Name von zeitgenössischer, aber fremder Hand gestrichen und mit dem Vermerk „exclusus" versehen; zum SS 1500 wieder eingetragen ohne das übliche „reincorporatus", das hingehörte, wenn es mit dem Ausschluß seine Richtigkeit hätte. Es bieten sich viele Vermutungen an; nahe liegt der Gedanke an eine Rauferei anläßlich des Schwabenkriegs. – **10** E. EGLI Anal. I 8–10. – **11** Zum Problem: W. KOEHLER in Zwa III 414–417 (1919), Zwa IV 46–51 (1921), WK HZ 20f. – **12** Z VIII 581, HBLS V 15. – **13** „Im 1524 jar hort ich von Meister Ulrich Zwinglin ein predig, darinn zeigt er an, das er uff ein zyt von Pariss, da er gstudiert hatt ..." ZB Zürich, Simmlersche Sammlung Bd. 30, Nr. 22. Über die Bestreitung bei Bull. I 427f.: ZwRef. 61. – Die Pariser Matrikel sind noch nicht genügend erforscht. – **14** Bull. I 7. – **15** Kp. I Anm. 28. – **16** F. SCHIMDT-CLAUSING: J.U. Surgant ... ZWA XI/5, 1961, 287–320. – W.F. DANKBAAR: Die Liturgie des Predigtgottesdienstes bei J.U. Surgant, Festschrift Stupperich, 1969, 235–254. – J. KONZILI: Studien über J.U. Surgant ... ZSKG 1975/76. – **17** STAEHELIN I 36f. – **18** Z I 1–22. – **19** Z I 39–60. – **20** Genaue

für Freunde bestimmte „Labyrinth"[19] vom Frühjahr 1516, ein allegorisches Gedicht über die Theseussage. Der Ariadnefaden ist noch „die vernunfft", doch dringt biblisches Gerichtsdenken in die Erasmische Moral ein.

Intensive *humanistische Studien*[20] befaßten sich u. a. mit Cicero, Vergil und Josephus. In der *Korrespondenz* mit dem Freundeskreis schlug Zwingli die Brücke zwischen dem Wiener und dem Basler Zirkel.

Die von Zwingli mehrfach feierlich auf 1515/16 datierte *Wende*[21] kündete sich 1513 mit einer Zuwendung zum Neuen Testament an; er begann Griechisch zu lernen[22]. In diesem Zeichen las er begeistert Erasmus' „Enchiridion" und „Expostulatio Jesu". Im Vorfrühling 1516[23] stellte sich der Jünger dem Meister in Basel vor. Der anschließende Briefwechsel[24], voller Komplimente, enthüllt näherem Zusehen seine humanistische Hintergründigkeit. Der Streitpunkt, an dem es zur beidseitigen Enttäuschung kam, läßt sich mit Sicherheit erschließen: Zwingli traf gerade in den Tagen ein, da das (griechisch-lateinische) Novum Instrumentum Omne erschien[25]. In den Gesprächen über die Bibel vertrat der Humanistenfürst erneut deren „geheimen", d.h. allegorischen Sinn[26], an dem Zwingli bereits zweifelte. In anfechtungsvollem Ringen und unter Anrufung des „göttlichen Lichtes" brach er noch im gleichen Jahr zur Klarheit durch: „Du mußt ... den Sinn Gottes rein aus seinem einfaltigen Wort lernen"[27], also nicht aus einem mehrfachen Schriftsinn; die literarische Deutung ist die „geistliche". Damit begann die schmerzliche Ablösung von Erasmus.

Mit der „formalen" Wendung zur sola scriptura verflocht sich die „materiale" zum solus Christus. Um 1515 beeindruckte ihn die Disputationsthese seines ehemaligen Lehrers Wyttenbach, daß „allein der Tod Christi der Preis für die Vergebung der Sünden"[28] sei. Die Konsequenzen wurden erst im Lauf vieler Jahre bewußt.

Die Echtheit der Wende von 1516 bestätigte sich im persönlichen Leben durch den strikten Vorsatz sexueller Enthaltsamkeit[29]; nach anderthalb Jahren, in Einsiedeln, ist der erasmianische Moralist damit gescheitert. In seiner Amtsführung ging er dazu über, seine Predigten über die de-tempore-Texte anhand der Bibel vorzubereiten, was er später als den prinzipiellen Beginn seiner reformatorischen Verkündigung bewertete[30].

Nach der Niederlage von Marignano gewann in Glarus die französische Partei die Oberhand. Zwingli wich ihr aus, vermutlich auch um seine Position zu überdenken. Er ließ sich für drei Jahre nach Einsiedeln beurlauben, wo er am 26. November 1516 antrat.

4. Einsiedeln (Schwyz)

Der Kaplan versah das Pfarramt im Dorf und an den Wallfahrern. Er nahm seinen Predigtdienst ernst und wurde beliebt. Er polemisierte weiter gegen Pensionen und Solddienst; vorsichtige Warnungen vor der Marienverehrung sind nicht

---

Angaben, auch für die folgenden Jahre, bei BUESSER. – 21 Z.B. Z I 379, 19ff.; 259–261. II 145, 1ff. 217, 5ff. V 713f. 728, 8. – 22 Z VII 22, 8ff. II 147, 2ff. – 23 Zwinglis Dankesbrief an Erasmus Z VII 35f. liegt nur in Kopie vor. An Eglis Korrektur (ib) des Datums „1515" auf 1516 ist (gegen Blanke Z V 721f. und GWL Gloede 190) mit Goeters 265 festzuhalten. – 24 Erasmus' Antwort Z VII 37f., undatiert, aber mit Anspielungen. – 25 1. März 1516. W. ECKERT: Erasmus, I, 1967, 232. II, 632. – 26 Z VII 36, 14: „scripturae sacrae arcana". – 27 Z I 379, 19ff. – 28 Z II 145, 25ff. V 718, 7ff. – 29 Z VII 110, 7ff. – 30 Z II 144, 32ff. –

auszuschließen[31]. Pflichtgemäß begleitete er 1517 eine Wallfahrt nach Aachen. Als der Minorit *Bernhardin Samson* 1518 in der Schweiz Ablässe für den Bau der Peterskirche verkaufte, wuchs der Widerstand, bis ihn die Tagsatzung 1519 auswies; Zwingli hatte ihn verspottet. Seine *Studien* setzte er fort. Er kritzelte Randglossen[32] zu Klassiker- und Kirchenväter-Editionen des Erasmus; u. a. zu Chrysostomus, Gregor aus Nazianz, Hieronymus, Lucian, Aesop, Erasmus selbst. Ferner zu Ambrosius, Origenes, Rufin, Basilius, Cyprian, Cyrill von Alexandrien, lauter Bibelkommentaren. Gemäß einem Ratschlag im Enchiridion schrieb er die griechischen Paulusbriefe auf handliches Format ab und lernte sie auswendig[33]. Für seine *Entwicklung* wurden das *Johannesevangelium* und *Augustins* Traktate dazu[34] entscheidend. Die Humanisten-Korrespondenz dehnte sich aus; sie spiegelt die hohe Achtung, zu welcher der „philosophus et theologus" aufgestiegen war.

Auf Beginn des Jahres 1519 ließ Zwingli sich als Leutpriester ans Großmünster in Zürich berufen. Verlangt hatten ihn die Zünfte und andere Gegner des Reislaufens, empfohlen Franzosenfeinde und Schweizerische Humanisten. Gerüchte über sittliche Verfehlungen beschwichtigte ein sogenannter Beichtbrief; Zwingli bestritt sie nicht, nur die Übertreibungen[35]; der spöttelnde Humanistenton verdeckt seine Unsicherheit nicht.

5. Zwingli als Persönlichkeit[36]

Der Gebirgssohn war mittelgroß; von seiner Kurzsichtigkeit und seinem vorübergehenden Steinleiden abgesehen, von zäher Gesundheit und erstaunlicher Arbeitskraft. Er war fröhlich, freundlich, nüchtern, offenherzig, gelegentlich heftig. Er war hochmusikalisch. In seinen Unternehmungen verhielt er sich geduldig-zielbewußt, keineswegs stürmisch[37]; Sorgen konnten ihn zum Dränger machen. Er sprach[38] anschaulich und lebendig, nie grob, aber manchmal ironisch. *Geistig* bestimmten den 36jährigen Leutpriester folgende Elemente: a) der Schweizerische Humanismus; b) die thomistische Via antiqua mit kräftigen skotistischen Einschüben[39]; c) das Neue Testament in der Auslegung Augustins; d) Philologie und christliche Moral des Erasmus; e) eine als Ruf Christi selbst verstandene Verpflichtung zu politischer und kirchlicher Reform[40].

---

31 Myc. Rüsch 44f. – Bull. I 9. – 32 Z XII. – 33 Erasmus Ausgew. Schr. ed. WELZIG, I, 1969, 372. Bull. I 8. – 34 Z V 713,2ff. u. Anm. 1 (F. BLANKE). – U. GAEBLER 126, 128: („Voraussetzung, nicht Folge einer Ablösung von Erasmus"). – 35 Z VIII 110–113. BRZ 40–44. Anstoß erregte nicht der Bruch des Zölibats, sondern das Vergehen mit einer ehrbaren Frau. Dieses hatte Zwingli vermieden. Er leidet aber bereits darunter, nicht gemäß 1. Kor. 7,1 leben zu können. – 36 GWL: Zw, in: M. GRESCHAT (Hg.): Gestalten der KG., 1982. – Zur *Ikonographie*: Alle alten Bilder in UZ. – J. FICKER: Zwinglis Bildnis, Zwa III/12 (1918) 418–435 (grundlegend). – M. E. geht nur der realistische Holzschnitt 1539 auf Lebzeiten zurück; die bekannten Gemälde sind postum. Wenn Dürers „Portrait of a Clergyman" von 1516 in der National Gallery of Art in Washington D.C. Zwingli darstellt, wozu ich neige, so haben wir hier eines der hervorragendsten Reformatorenbilder. H. HOFFMANN in OF II 425–436. – P. SIEBER ZT 1950, 187f. – K. FARNER: Hat Dürer Zwingli gemalt? In: Zürich, Aspekte eines Kantons, 1972, 146–152 (Dürer und Zwingli waren 1516 gleichzeitig in Basel). – 37 Blanke Ref 9–17. – OF I 249–259. – OF IV 1–23. – 38 O. FARNER: Zw. u. s. Sprache Zwa X/2 (1954) 70–97. – F. SCHMIDT-CLAUSING: Zw's Humor, 1968. – 39 Das Problem ist umstritten. – 40 Die Warnung Mt. 25,18 beunruhigte sein Gewissen; Z I 256,13ff.; 316,7ff.

III. Die Reformation in Zürich 1519–1525

RICH Anfänge 1949. – J.F.G. GOETERS: Zwinglis Werdegang als Erasmianer, Fs. Stupperich 1969, 255–271. – JACOB 1970. – G. FRANZ: Der deutsche Bauernkrieg, ⁹1972. – OBERMAN Werden 1977. – NEUSER Wende 1977. – GAEBLER Wende 1978. –

A. Entwicklung und Grundlegung

1. Amtsantritt

In seiner Antrittspredigt am Neujahrstag 1519[1] legte Zwingli der Gemeinde denselben Plan vor wie einige Tage zuvor dem Stift: er werde, gegen die Perikopenordnung, in fortlaufenden Predigten die „Geschichte von Christus dem Heiland" nach Matthäus[2] erklären, und zwar nicht nach menschlicher Auslegung, sondern gemäß dem Sinn des Heiligen Geistes, den er unter ernstlichem Gebet durch fleißigen Vergleich mit andern Schrifttexten zu erhalten hoffe[3]. Einige Chorherren, wie der alte Konrad Hoffmann, der für Zwinglis Berufung eingetreten war, fühlten sich sofort beunruhigt; vielleicht ahnten sie die Konsequenzen deutlicher als der Prädikant selbst.

2. Die Predigten 1519–1522

In fast täglichen Predigten nahm dieser bis August 1522 durch: Mt., Apg., 1./2. Tim., Gal., 1./2. Petr., Hebr. Die Begründungen dazu spiegeln die wachsende reformatorische Einsicht der Gemeinde wie des Auslegers. Es erfolgte eine zielbewußte Grundlegung des Christusglaubens anhand der Bibel. Das Nein zu Papsttum und Messe blieb noch verborgen; vorausgehen mußte die Erkenntnis von „beneficium ac gloria Christi"[4]. Realistische Polemik fehlte aber nicht; der Leutpriester wetterte gegen den Ablaßkrämer Samson, beschimpfte Rom als die große Hure, warnte vor Rosenkranzbeten und Heiligenanrufung; das Aufsagen des Vater-Unsers vor Bildern sei Götzendienst. Er trat 1520 öffentlich für Luther ein. Nur die Schrift sei lautere Quelle, wer seine Predigt anderswoher beziehe, schöpfe aus „Rinnsalen und Pfützen" (Jer. 2,13). So habe er, heißt es, Lehrer und Ordnungen der Kirche geschmäht. Aberglauben, Unkeuschheit und Geiz von Mönchen und Weltgeistlichen prangerte er schonungslos an. Heiligen-Fürbitte und Fegfeuer seien unbiblisch, ungetauft gestorbene Kinder nicht verdammt, Kirchenbann als Machtmittel verwerflich[5]. „Häfftig predigt Zwingli wider das gältnemmen; sagt, wie es ein fromme Eidgnosschaft zertrennen und umkern werde"[6]. Mit gleicher Vehemenz bekämpfte er sämtliche neuen Bündnisprojekte, nicht nur das französische[7]. Aufsehen erregte eine lateinische Rede, die das göttliche[8] Recht des Zehnten bestritt.

Auf diese Weise wurden Bürger und Räte als christliche Gemeinde zum Gotteswort gerufen. Dieser politische Bezug und seine Rückwirkungen blieben für Zwinglis Theologie charakteristisch. Dieselbe entfaltete sich aus Christusglauben[9] und

---

[1] An s. 35. Geburtstag (Bull. I 12 verzählt sich). – [2] Vorbild waren die Matth.-Homilien des Chrysostomus; Bull. I 12; Goeters (Kp. II, Lit.) 270f. – [3] Myc. Rüsch 46f. Bull. I 12. Z VII 106,3f. – [4] Z I 284,39–286,1. – [5] EAk Nr.213. – [6] Z I 73. Bull. I 51. – [7] Stumpf 20. – [8] Nicht das weltliche. Z VII 272,14ff. – [9] „A Christo ipso doctus usw." Z I 285,31f. –

Schriftprinzip etwa von Juli 1520[10] bis Juli 1523[11] in Ansatz und Einzelheiten eigenständig, in der Anthropologie von Paulus und Augustin, in der Satisfaktionslehre von Hebräerbrief und Anselm geprägt. In diese Entwicklung spielten zwei tiefe Erfahrungen hinein: das Auftreten Luthers und die Erkrankung an der Pest.

3. Luther

Wie wurde der humanistische Reformer zum prophetischen Reformator? Wir erkannten bereits eine programmatisch-reformatorische Tendenz. Wie kam es zur reformatorischen Theologie?

Laut seinem Briefwechsel bestellte und verteilte Zwingli seit 1520 zahlreiche Schriften Luthers[12]. Seine eigenen Schriften lassen erst seit 1522 klar reformatorische Töne vernehmen. Das „Usslegen" von 1523 enthält eine Anspielung an Luthers Babylonica von 1520[13]. Wie ist diese Luther-„Kenntnis" zu bewerten?

1. *Die verbreiteten Thesen* lauten: a) „Die Reformation hat Zwingli von Luther". Diese Behauptung geht auf Luther selbst zurück[14]. Ihre Schwierigkeit: Sie muß Zwinglis beharrliche, feierliche Beteuerungen seiner Selbständigkeit als Selbsttäuschung oder Unwahrhaftigkeit auffassen. Diese Erklärungen enthalten aber durchaus keine Distanzierung vom gebannten Luther; sie bleiben auch vor und nach Ausbruch des Abendmahlstreites gleich[15]. b) „Zwingli predigte schon vor Luther, seit 1516, evangelisch." So die alte zürcherische und niederländische Kirchengeschichtsschreibung. Sie muß konsequenterweise die „Kirchenverbesserung" mit den „Sprachen", d.h. mit Reuchlin und Erasmus beginnen lassen[16]. c) Als die Zürcher Problemstellungen in Vergessenheit geraten waren und man sich angewöhnt hatte, Zwingli nach dem Modell Luthers zu beurteilen, ließ sich die reformierte Apologetik darauf ein, nachzuweisen, wie Zwingli „auch" Anfechtungen erlitten und Durchbrüche erlebt habe[17]. Das ist eine Verschiebung der Maßstäbe; Zwingli will nicht nach der Tiefe seiner Erfahrungen, sondern nach der Schrift beurteilt werden[18].

2. *Arthur Richs* Untersuchungen[19] der Erasmus- und Lutherlektüre des frühen Zwingli und seiner Freunde und deren Programme führten zum Ergebnis: Zwingli las Luther humanistisch. Seine Interessen kreisen um Ablaß, Heiligenverehrung, Papstgewalt, Zehntenrecht, Zölibat, nicht um Sünde und Gnade. In einer Krise im Herbst 1520 wurde er am humanistischen Bildungsprogramm irre und gelangte zu einer existentiell-theozentrischen Haltung mit Erkenntnis des unfreien Willens[20]. Lutherlektüre und -propaganda erloschen. Nach der „reformatorischen Wendung", so Rich, setzten sie um 1522 wieder ein. Nunmehr nahm Zwingli von Luther als selbständiger Meister, nicht als Schüler, Gleichartiges auf. – Richs Beobachtungen halten stand. Bis 1521 sah Zwingli in Luther einen, in manchem

---

10 An Myconius Z VII 341. – 11 Usslegen Z II Nr. 20. – 12 Die Liste Rich Anfänge 79–89. – 13 NEUSER Wende 21–24. Hier die Entdeckung des Anklangs von Z II 131,5 an WA VI 514; vgl. dazu Z II 137,23 ff. – 14 U.a. WA XIX 509,15–17; WA Br Nr. 1101 (Cl. VI Nr. 116). Ritschl III 26 ff.; W. Koehler Art. Zwingli RGG²; Neuser Wende. – 15 Z I 284 f. II 144–150. V 70. – 16 Zwingli: Z VI 145–149. V 721 f. 815–818. – Leo Jud: UZ Tafel 14. Holland noch: J. TICHLER: Zwingli, 2 Bde, 1857/58. – 17 Z.B. R. Staehelin I 1895. – Blanke Ref 13 ff. – WKHZ. – OF II. – 18 Z I 379. Z V 758; 604; 613; 622. – 19 RICH Anfänge. Dazu jetzt die sorgfältigen Beobachtungen bei E. GROETZINGER: Luther u. Zwingli..., 1980, 73–75. – 20 Nachgewiesen an den Randglossen zu Augustin Z XII 135–157 und am Brief an Myconius v. 24. Juli 1520, Z VII 341–345, Nr. 151. – 21 Dasselbe „humanistische" Mißver-

nicht weit genug gehenden, Reformer[21]. Das bedeutet: Zwinglis Erinnerung, seinen Weg selbständig gefunden zu haben, trifft zu.

3. Jedoch sind zwei *Klarstellungen* notwendig. a) Engagierter Humanismus und reformatorische Einsicht gingen ineinander über[22]. Die Frage, womit die Reformation begann, ist dogmatischer Natur und bei keinem Reformator problemfrei zu beantworten, auch bei Luther nicht. Wenn Zwingli erklärt, gewisse Anregungen Erasmus' und Wyttenbachs hätten ihn schon 1516 prinzipiell zum solus Christus gewiesen, so ist diese Aussage ernst zu nehmen[23]. b) Andrerseits enthalten weder das Pestlied noch der Brief 151 an Myconius (Juli 1520) mehr als einen an Christus orientierten Vorsehungsglauben. Erst die „Freiheit der Speisen" (April 1522) nimmt Stücke der paulinischen Anthropologie auf. Klare reformatorische Zusammenhänge nach Paulus und Hebr. finde ich erst in der „Ermahnung" (Mitte Juli) und im „Archeteles" (August 1522), eine fertige evangelische Theologie erst im „Usslegen" vom Juli 1523.

4. Doch *die Frage*, ob Zwingli bewußt oder unbewußt in irgendeiner Weise Lutheraner war, entscheidet sich daran, ob er die typischen Antinomien der Theologie Luthers anerkannt und übernommen hat. Das ist zu verneinen. Beide Reformatoren bezeugen den Trost der freien Gnade Gottes in Christus, ergriffen im Glauben allein. Aber in der gedanklichen Form und in der Zielrichtung des Zeugnisses unterscheiden sie sich. Luthers Christenmensch erfährt die Befreiung seines Gewissens von der Verdammnis, Zwinglis Gemeinde diejenige von menschlichen Geboten. Luther unterscheidet zwischen Gesetz und Evangelium, Zwingli zwischen Menschenwort und Gotteswort; bei ihm wird auch das Gesetz Evangelium. Luther verharrt bei der Anrechnung der Gerechtigkeit, Zwingli bei der Vergebung. Überhaupt fehlt bei Zwingli Luthers Dialektik, die von Deus absconditus und revelatus, von den Zwei Reichen, von securitas und certitudo. Die Initialzündungen zu Luthers reformatorischem Durchbruch, der Wortbegriff (fides ex auditu promissionis) und die distinctio legis et evangelii sind nie auf Zwingli übergesprungen[24]. Da der Zürcher seine Aussagen zu solch fundamentalen Themen anders formuliert, kann man ihn nicht als Schüler des Wittenbergers bezeichnen.

5. Zwingli ist durch *die Bibel und Augustin* Reformator geworden[25]. Nicht durch Luthers Lehre. Doch fühlte er sich Luthers Vorbild zeitlebens verpflichtet[26], wobei insbesondere an die Leipziger Disputation 1519 zu denken ist, mit der für Zwingli Luthers Reformation begann[27]. Daneben ist ihm nie zweifelhaft gewesen: „Luther und ich habend einen (=denselben) glouben uff Christus Jesus und in ihn"[28].

4. Die Pest

Als der schlimme Pestzug von 1519 Zürich erreichte, eilte der Seelsorger von einer Kur in Pfäffers in die Stadt zurück. Mitte September[29] wurde er selbst von der Seuche ergriffen. Am 6. November gratulierten Basler Freunde zur Genesung[30], doch bis Mitte 1520 brauchte der Patient Pflege. Während der Rekonva-

---

ständnis läßt sich bei Bucer, Capito, Jud, u.v.a. nachweisen. – 22 GWL Zwa XIII/1 (1969) 41. – 23 Ders.-ThZ I 23f. – WK HZ 66. – 24 Weiteres Kp. VIII – 25 Z V 713f. – WK HZ 68ff. – Rich Anf. 145. – Gäbler Wende. – 26 Z II 147; 149; V 722; VI/II 247ff. – 27 Z V 714,2. – 28 Z V 70. – GWL: Die dt. Ref. aus schweizer Sicht ZKG 1978, 31–35. – 29 Gegen Stumpf u. Bull.: „August". Z VII 200; 207; 209; 211. – 30 Z VII 214 Hedio; ib. 228 Pirkheimer und Dürer. – 31 Z I 67ff.; Melodie S II/II 523ff. – Der Entwurf eines solchen

leszenz dichtete und komponierte er das „Pestlied"[31]. Er identifiziert Gottes- und Christusglauben und verbindet ihn mit Vertrauen in die Vorsehung. Das Sündenbewußtsein ist nicht radikal. Das Lied spricht noch nicht reformatorische Einsicht, wohl reformatorischen Einsatz aus.

5. Erste Wirkungen

Der neue Prädikant hatte gewaltigen Zulauf. Sein Einfluß wuchs. Zum SS 1520 ließen sich fünf Zürcher Studenten in Wittenberg immatrikulieren[32]. Die Festigung von Zwinglis Stellung spiegelt sich in seiner Beförderung zum Chorherrn im Frühjahr 1521[33], seine innere Festigung in der Refusierung der päpstlichen Pension[34]. Dem Predigtwort folgten bereits einige liturgische und soziale Reformen. Der Chordienst wurde neu geordnet, das überladene Chorbrevier vereinfacht[35], das Geld dafür ging ans Spital. Ein Almosenreglement gründete noch auf der Verdienstlichkeit von Spenden, versuchte aber bereits die Betreuung der Armen durch verpflichtete Pfleger[36]. Auf heftigen Widerstand stießen die politischen Mahnungen. Um so eindrücklicher bedeutete im Mai 1521 Zürichs Ablehnung des Soldbündnisses mit Frankreich, dem alle übrigen Eidgenossen beitraten, „ein gross wunderzeichen, von Gott durch Zwingli gewirkt"[37]. Das hieß Selbstisolierung, Verzicht auf einen vorteilhaften Handelsvertrag und auf hohe Einkünfte – das Wagnis eines Gemeinwesens, in dem die evangelische Predigt erschollen war; ein erstes Aufleuchten der Reformation im schweizerischen Verständnis. Der Rückschlag blieb nicht aus: aufgrund eines Vertrags von 1515 zogen die Zürcher im August 1521 noch einmal dem Papst zu und eroberten für ihn Parma und Piacenca. Aber am 11. Januar 1522 wurde das Verbot aller fremden Dienste erlassen[38] und seither strikt durchgeführt.

6. „Schriftprinzip"

Auch die Kaufmannschaft hatte Zwingli anfangs begrüßt; wegen seiner Opposition gegen die Soldverträge wandte sie sich nunmehr zum größten Teil ab[39]. In der ganzen Eidgenossenschaft bildeten sich die Fronten, in denen „Evangelium" und Pensionenbekämpfung zusammengehörten und andrerseits die Aristokratie am überkommenen Kirchentum ein wirtschaftliches Interesse hatte[40]. Die – nicht seltenen – Ausnahmen beweisen jedesmal eine echte evangelische Überzeugung. Dem offenen Ausbruch der Spannungen suchte der Rat mit einem Erlaß für die Kanzelredner zuvorzukommen – ein klarer Eingriff in kirchliche Bereiche, doch getragen vom Geist der freien Städte, weshalb er bald vielerorts Nachahmung fand[41]. Dieses *Mandat von 1520*[42] befahl allen Predigern in der Stadt, „die heiligen evangelien und der apostel epistlen glychförmig nach dem Geist gottes und

---

Gebets war trotz hohem Fieber möglich. Überschrift und Inhalt schließen eine Rückdeutung nach Jahresfrist aus (gegen Rich Anf. 104–119). M. JENNY: Die Lieder Zwinglis JLH 1969, 63–102. – 32 FOERSTEMANN: Album Academiae Vitebergensis I 92; Z VII 551 f. – 33 Egli Anal. I 22 ff. – 34 Zwingli hatte dafür Bücher gekauft. Eine amtliche Untersuchung, von ihm selbst beantragt, hat ihn „unschuldig erkannt". Z II 315,7. VII 468 f. (Egli). – 35 Egli 54. – 36 EAk Nr. 132. – 37 Kessler Sabb. 90. – EAk Nr. 167; 169; 170. – 38 EAk Nr. 215. – 39 Bull. I 48. – 40 Bull. ib. – 41 Nürnberger Reichstag 9. Febr. 1523. – E. EGLI: Zur Einf. d. Schriftprinzips in d. Schweiz Zwa I/13 (1903) 332–339. – 42 Verloren, aber gut bezeugt. EA IV/Ia 398–406. Bull. I 52. 77 f. Z VII 366,4. – GWL ZwRef 94 f. –

rechter göttlicher gschrift des alten und nüwen testaments (zu) predigen ... und was ander zuoffelig nüwerung und satzungen, geschygen" ... „wie auch die bäpstlichen recht das zuogeben". Das war die erste offizielle Deklaration des Schriftprinzips. Doch die Berufung auf die „päpstlichen Rechte" beweist: eine Reformation wollte man nicht; die Bewegung sollte in den alten Ordnungen aufgefangen werden. Der Rat durchschaute selbst die Konsequenzen des Schriftprinzips nicht. Was hier „zufällige Neuerung" heißt, blieb offen. Zweifellos dachten viele Ratsherren dabei an Luther und „Lutheraner" als Unruhestifter. Bald konnte Zwingli die mittelalterlichen Kirchenlehrer darunter begreifen. Für Zwingli, dessen Einfluß auf die Formulierung sich nachweisen läßt, war das Mandat ein diplomatischer Erfolg. Der Rat erfuhr erst mit der Zeit, was er da beschlossen hatte.

7. Fastenhandel

Ähnlich nahm der Rat zur ersten reformatorischen Demonstration in Zürich Stellung, dem *Fastenbruch*. Unter Berufung auf Zwinglis Predigten begingen einige Anhänger im März 1522 eine Reihe unverhohlener Übertreibungen der Fastengebote. Am meisten Aufsehen erregte das Wurstessen in der Werkstatt des Buchdruckers *Christoph Froschauer* am Abend des 9. März. Der „unwüssend" eingeladene Zwingli blieb anwesend, ohne zu essen. Der Rat schritt mit Strafen ein. Am 23. März (Oculi) hielt Zwingli die Freiheitspredigt. Doch der Rat nahm ein Mandat des Bischofs von Konstanz, das auf ein kommendes Konzil verwies, gehorsam entgegen und empfing dessen Delegation[43] ehrerbietig. Aber Zwingli setzte es durch, vor dem Großen Rat, in dem er viele Anhänger hatte, angehört zu werden und steigerte dabei seinen Einfluß. Zürichs Antwort nach Konstanz behaftete den Bischof beim Versprechen eines baldigen Konzils, bemerkenswerterweise mindestens einer Diözesansynode, damit „wider die satzungen Christi nit gehandelt werde"[44]. Das Ratsmandat des Palmsonntags verpflichtete das Volk auf die traditionelle Ordnung „bis auf weiteren Bescheid", verbot aber, die Evangelischen zu schmähen. Drei Tage später erschien Zwinglis Predigt „Von ... Freiheit der Speisen" im Druck. – a) Zwingli war überrascht worden, hielt sich aber bedachtsam die Rolle des Verteidigers offen. b) Der Entscheid des Rates deckte rechtlich die alte Ordnung, faktisch den evangelischen Vorstoß. c) Zwinglis Freiheitspredigt 1522, wird oft mit Luthers „Freiheit eines Christenmenschen", 1520, verglichen. In beiden Schriften bringt die paulinische Gnadenlehre die Befreiung des Glaubenden vom religiösen Leistungszwang. Doch ist die Frontrichtung verschieden. Luther bezieht die Freiheit auf den „inneren" Menschen, weshalb die Zeremonien von untergeordneter Bedeutung bleiben. Zwingli hat die Gemeinde im Auge, wodurch gerade an der Zeremonienfrage die Entscheidung fallen kann: Evangelium oder Menschengebot.

8. Widerstand der Mönche

Chorherr Konrad Hoffmann hatte seit drei Jahren belastendes Material gesammelt; im Frühjahr 1522 reichte er seine voluminöse Beschwerde ein[47]. Im Kapitel wurde Zwingli damit leicht fertig[48]. Ein *Anonymus*, ebenfalls aus dem Stift, dop-

---

43 OBERMAN Werden Kp. XI u. Reg. – 44 EAk Nr. 236. Dazu Nr. 327 p 114 mitte „in sim bistumb". – 45 EAk Nr. 237. – 46 Z I 74–136. H I 1–57. – 47 Auszüge EAk Nr. 213. Im Original 26 Folioseiten. – 48 Z VII 518, 10ff. – 49 Z I 330. – Bull. I 77. – EAk 269. –

pelte im Juli 1522 mit einer Klageschrift nach, die Zwingli des Geistes der „böhmischen Ketzerei" bezichtete. Darauf verbot der Rat alle Polemik. Niemand hielt sich daran[49]. An die vier Fraumünsterpredigten des Franziskaners *Franz Lambert* aus Avignon über die Heiligenverehrung schloß sich am 17. Juli 1522 eine lange Disputation an, in welcher der bewegte Franzose sich dankbar für überwunden erklärte[50]. In der folgenden Woche deklarierten die *vereinigten Augustiner, Dominikaner und Franziskaner* das Recht, auch „aus dem heiligen Lehrer Thomas und andern heiligen Büchern" zu predigen. Zwingli berief sich aufs Schriftprinzip und auf seinen der Stadt als Leutpriester geleisteten Eid. Mit seiner Abweisung der Mönche[51] am 21. Juli 1522 betätigte der Rat formal wieder sein jus reformandi. Daß er material wieder einen Schritt zur Reformation vollzogen hatte, erkannte der Lesemeister der Dominikaner, der die Stadt verließ[52]. Trotzdem steigerten die Mönche, von Vornehmen ermutigt, ihre Polemik. – Um die Dominikanerinnen zu erreiche, sprach Zwingli im August 1522 im Kloster Oetenbach, worauf bis 1524 viele Nonnen aus dem Orden traten. Diese Predigt, *„Von Klarheit und Gewißheit des Wortes Gottes"*[53], begründet die Selbstauslegung der Schrift mit dem Heiligen Geist. Sie ist eine der wichtigsten Grundsatzäußerungen Zwinglis[54]. – In seiner einstigen Pfarrei Einsiedeln hielt dieser am 14. September 1522 die Predigt zum „Fest der Engelweihe"; es dürfte sich um diejenige *„Von der ewig reinen Magd Maria"* handeln: „Alle ihre Ehre ist ihr Sohn"[55].

9. Widerstand des Bistums

Der Konstanzer Generalvikar *Johannes* Heigerlin, gen. *Faber* (Fabri)[56] wurde nach seiner Rückkehr aus Rom der energischste Gegner der schweizerischen Reformation. Am 24. Mai 1522 wies ein bischöflicher Brief die Stadt höflich, eine „Paraenesis"[57] das Stift scharf zum Gehorsam. Zwingli warb noch einmal um Bischof Hugo; seine *Supplicatio*[58], von neun Freunden unterzeichnet, bat beweglich um Freigabe der evangelischen Predigt und der Priesterehe. Tatsächlich lebten bereits viele Geistliche in der Ehe, auch die Bittsteller. Zwingli selbst hatte im Frühjahr 1522 mit *Anna Reinhart*, verw. Meyer von Knonau, die „heimliche" Ehe[59] geschlossen. Die Konstanzer Kurie wies das Begehren ab. Sie rief am 10. August 1522 die eidgenössischen Obrigkeiten zum Schutz des wahren Glaubens auf[60]. Hingegen faßte die nächstuntere Instanz, das „Pfarrkapitel Zürich", d.h. die Geistlichkeit vom Glarnerland bis zur Limmatmündung, am 19. August 1522 den Beschluß, fortan gemäß der Heiligen Schrift zu predigen[61]. Nunmehr gingen die Kurien von Konstanz und Lausanne zu Bannungen über[62].

10. Widerstand der Eidgenossen

Während der Erschütterung durch die Niederlage der in französischem Sold kämpfenden Schweizer bei Bicocca am 27. April 1522 sandte Zwingli *„Eine göttliche Vermahnung"*[63] an die bevorstehende Landsgemeinde in Schwyz: das Reis-

---

50 Wyss 15. – G. MUELLER: Franz Lambert ... 1958. – 51 Bull I 77f. – 52 Z VII 549,7f. – 53 Z I 328–384. H I 59–120. – 54 Z I 312,6ff. – WK Rek 8. 55. – 55 Z I 385–438; 426,14. – H I 121–164. – Dazu GWL HZnS 127–135. – 56 L. HELBLING: Johann Fabri, 1941. – 57 Z I 263–270. – 58 Z I 197–209. – 59 Das nach Kanon. Recht gültige „matrimonium clandestinum", oft angewandt, um Aufsehen zu vermeiden. R. WENNER LThK² III 691. 693. O. FARNER: Anna Reinhart, Zwa III 197ff. (1916). – 60 Strickler I Nr. 464. – 61 Strickler I Nr. 490. – 62 EAk Nr. 270. 271. Z VII 565. – 63 Z I 165–188. H VII 1–30. – 64 Z VII 533.

laufen stammt aus Eigennutz und erregt Gottes Zorn. In der Tat beschloß Schwyz am 18. Mai, „25 Jahre" auf fremde Bündnisse zu verzichten. Das versteifte den Widerstand gegen die Reformation, besonders in Bern[64]. Am *10. August 1522* rief die Konstanzer Kurie die Tagsatzung an, die Kirche zu schützen; offenbar gewann sie die Mehrheit, denn mit diesem Tag datieren die Chronisten den *Ausbruch des Glaubensstreites in der Schweiz*[65]. Luzern schritt sofort gegen Anhänger Zwinglis ein. Schwyz hob sein Reislauf-Verbot schon im August wieder auf. Im November statuierte die Tagsatzung Exempel in den Gemeinen Herrschaften – Folgen jenes Konstanzer Mandats vom 10. August 1522[67].

11. Abgrenzung und Grundlegung: Archeteles

In Zürich bauten die Evangelischen ihre Position durch Stellenbesetzung aus. U.a. wurde *Zwingli* unter Entlastung von Beicht- und Besuchspflichten (und Messelesen?) städtischer Prädikant. *Leo Jud* kam aus Einsiedeln ans Stadtpfarramt St. Peter[68] – von Stund an Zwinglis engster Mitarbeiter. Zwinglis geistige Reifung schlug sich in seinem „ersten und letzten Wort", dem *„Apologeticus Archeteles"*[69] nieder, der Entgegnung nach Konstanz vom 23. August 1522. Sie druckte die bischöfliche „Paraenesis" vom Mai wörtlich ab und widerlegte sie Punkt für Punkt. Kriterium ist das Geisteswort der Bibel. „Controversia est divinis obtemperare an oporteat an humanis"[70]. Erasmus lehnte den Archeteles heftig ab[71]; das muß zu Zwinglis innerer Klärung beigetragen haben.

B. Entscheidung. Die Erste Disputation[72]

12. Anlaß und Plan

Der Rat durfte sich als Hüter des Stadtfriedens der Fülle der infolge der evangelischen Predigt entstandenen neuartigen Ehrverletzungsprozesse nicht entziehen. Er mußte sich aber dafür erst durch einen Grundsatzentscheid eine rechtliche Regelung schaffen[73]. Der vielverdächtigte Zwingli verlangte selbst ein öffentliches Gespräch[74]. So befand sich der Rat in einer Zwangslage. Seit fast hundert Jahren beaufsichtigte er die bürgerliche Seite des kirchlichen Lebens, doch jetzt ging es um Lehrfragen[75]. Die in Aussicht gestellte Diözesansynode war abgesagt[76], auf das

---

– 65 Bull I 79f. – Werner Steiner, zitiert bei J.J. HOTTINGER Hist. Eccl. VI, 1651, 117. – 66 EGLI Z I 190. – 67 Strickler I Nr. 464. – 68 EAk Nr. 290. – 69 Z I 249–327. – 70 Z I 314, 27f. – 71 Z VII 582. – 72 Die Berichte von Emil Hegenwald und Johann Faber Z I 479–569. E. EGLI Z I 443–450. – Moeller Disp.-O. Scheib: Die theol. Diskussionen Zwinglis, Fs Franzen, 1972, 395–417. – Oberman Werden 237–303. – 73 Z I 470, 12f.; 484, 27–30; 546, 25f. – 74 Z I 246, 26ff.; 324, 29f.; 466, 21f.; 469, 11ff.; 484, 7ff.; 488, 4ff. – OBERMAN Werden a.a.O. Das Buch erschließt neue Zusammenhänge, die unsere Darstellung und Interpretation weitgehend bestätigen. Wichtig die Unterscheidung der rein juristischen Absichten des Rats von den weiterreichenden theologischen Zwinglis; desgleichen der Nachweis, daß erst die Debatte mit Faber Zwingli zu seiner Berufung auf die altkirchlichen Provinzialsynoden bringt. Nur rückt Oberman die Veranstaltung, die den Charakter einer schweizerischen Landsgemeinde trug, in die Nähe einer akademischen Disputation (die dann „nicht stattgefunden" habe). Hätte Zwingli, wie O. aus Basler Mißverständnissen schließt, eine solche, gar unter eigenem Vorsitz, angestrebt, so hätte er die Thesen längst publizieren (und anders überschreiben) müssen. Er hätte damit auch weder seine rechtlichen (Verbot seiner Verketzerung) noch seine kirchlichen (Verpflichtung der Prediger aufs Schriftprinzip) Ziele verfolgen können. Hingegen lehrreich S. 370–378 die Kennzeichen der oberdeutschen Reformation. – 75 Z I 466, 15ff.; 484, 1ff.; Bull. I 84. – 76 Z I 469f. – 77 Bull. I 84. –

allgemeine Konzil konnte man nicht waren. Erst „nach vielfältiger Erwägung des schweren Handels"[77] faßte er den Beschluß, führte ihn dann aber energisch durch[78].

13. Ausschreibung[79]

Bürgermeister, Kleiner und Großer Rat bestellten am 3. Januar 1523 die Geistlichkeit der Gebiete und Kollaturen Zürichs auf 29. Januar ins Rathaus. Die Eidgenossen erhielten eine Einladung, der Bischof die „Anzeige", er möge sich vertreten lassen. Da es sich um ein bürgerliches Rechtsverfahren handelt, wird deutsch gesprochen werden. Sein Zweck: jedermann Gelegenheit zu geben, den evangelischen Predigern Irrlehre nachzuweisen[80]. Dies aber muß „mit wahrhaffter göttlicher gschrifft" geschehen. Formal definierte der Rat damit sein eigenes Kriterium als Schiedsrichter; material enthielt dasselbe eine Vorentscheidung.

14. Die 67 Artikel

Die 67 Artikel, erst in den letzten Tagen entworfen und wenige Stunden vor Beginn verteilt[81], sollten der Diskussion Anhaltspunkte liefern, indem Zwingli selbst den Inhalt seiner umstrittenen Predigten referierte[82]. Das war zweckmäßig. Allerdings hat es den Eindruck der Ähnlichkeit mit universitären Thesendisputationen hervorgerufen, der vielerorts bis heute das Verständnis dieser bürgerlichen Veranstaltung stört. Die Artikel geben sich als Aufzählung von Streitpunkten, halten aber vom „Christus allein" des Anfangs her einen klaren Zusammenhang ein. Die Präambel fixiert mit dem Schriftprinzip zugleich die Bereitschaft zu besserer Belehrung; das sollte ein Grundsatz reformierter Bekenntnisbildung werden. „Summa des euangelions ist, dass unser herr Christus Jhesus, warer gottes sun, uns den willen sines himmlischen vatters kundt gethon und mit siner unschuld vom tod erlöst und gott versuent hat"[83]. Von hier aus fallen die Urteile über die „andern Lehren" und alle Kreaturverehrung; über Papsttum, Messe, Heiligenfürbitte, Fasten, Mönchtum, Zölibat, Obrigkeit – der Gehorsam hat seine Grenze an dem, „das wider got ist", und unchristliche Obere sollen „mit gott" abgesetzt werden[84]. Artikel 67 bricht ab, nennt aber noch das Zins- und Zehntenproblem. Die Eigenart dieses Ansatzes beim „Christus Jesus" als „wägfürer und houptmann allem mentschlichen geschlecht von gott verheyssen und ouch geleistet"[85] besteht darin, daß er das gesamte Leben, nicht nur das ewige Heil, in den reformatorischen Bereich zieht.

15. Verlauf

Von nah und fern kamen etwa 600 Teilnehmer. Die Eidgenossen hatten abgelehnt, aber ungewollt trug die bischöfliche Delegation aus Konstanz mit *Generalvikar Johann Faber* zum Ansehen der Versammlung bei. Sie sollte derselben zwar nur ihr Recht absprechen und höchstens als Beobachter fungieren[86]. Es gelang Zwingli aber, Faber in die Diskussion zu verwickeln, und da dieser, aus dem Publikum beharrlich nach seinem Verfahren mit *Pfarrer Urban Wyss*[87] interpel-

78 Z V 58,13. – 79 Z I 466–468. 481f. – 80 ib. 467. – 81 Die Anordnung in Z I (458ff. vor 466ff.) ist irreführend. – 82 Z I 458, 1ff. Bull. I 86. – 83 Z I 458 (Art. 2). – 84 Art. 34–43. – 85 Art. 6. – 86 Z I 485f., 490,24ff. – 87 Hans Urban Wyss, Pfarrer in Filisbach (Aargau), war 1522 im Gefängnis in Gottlieben bei Konstanz von Faber schwer bedrängt worden. –

liert, die biblischen Argumente nicht angeben konnte, mit denen er diesem zum Widerruf gebracht habe, entstand das Bild einer eklatanten Niederlage[88] der Hierarchie gegenüber dem „Evangelium". Zur Debatte: a) Auf Fabers Einspruch, die Themen gehörten vor ein Konzil, berief sich Zwingli auf das Vorbild der alten Regionalkonzile. „Hie in diser stuben ist on zwyfel ein christliche versammlung"[89]. b) Die Schrift legt sich selbst „durch den geist gottes" aus[90]. c) Die biblisch belehrte Gemeinde vermag bereits „nach dem geist gottes zu urteilen"[91]. d) Die von der Literatur[92] immer wieder erörterte Erwägung, es sei nur über die Legitimität der Versammlung, nicht aber über die Thematik der Thesen debattiert und die eigentliche Disputation damit erfolgreich sabotiert worden, trifft nicht zu; namentlich aber übersieht sie den juristischen Charakter des Verfahrens. Nachdem den Vormittag hindurch trotz vielfacher Aufforderung kein Nachweis einer Ketzerei gegen Zwinglis Predigt vorgebracht worden war[93], galt das Recht auf diese Anklage als verfallen. Durch diesen Verzicht der Gegner war der Zweck, die rechtliche Klärung, erreicht.

16. Der Abschied[94]

Der Ratsentscheid, von Bürgermeister Roist bereits nach der Mittagspause verlesen, war deshalb keineswegs verfrüht. Er durfte zunächst gar nicht anders lauten als: „meister Ulrich Tzwinly soll fürfaren". Aber der Rat wußte, daß er damit zur Lehr- und Jurisdiktionsgewalt der Römischen Kirche in Gegensatz trat. Demgemäß griff das Urteil über den zivilrechtlichen Anlaß hinaus und richtete für die kirchliche Verkündigung in seinen Bereichen das reformatorische Schriftprinzip auf. „Es sollent ouch all andere ire lütpriester, seelsorge und predicanten ... anders nüt fürnemmen noch predigen, dann was sy mit dem heiligen euangelion und sust rechter göttlicher geschrifft beweren mögen."[95] Erst hiermit war der notwendige theologische und rechtliche Grundsatzentscheid gefällt. Natürlich wurde zugleich die gegenseitige Verketzerung verboten.

17. Die Bedeutung

Die Bedeutung der Disputation liegt in dieser offiziellen, nunmehr bewußten[96], Anerkennung der biblischen Predigt. Wurde „die Zürcherische Landeskirche gegründet"? Der Rat wußte, daß er bischöfliche Kompetenzen zuhanden nahm und sich als christliche Obrigkeit engagierte[97]. Aber niemand beschloß eine Trennung. Die Bewegung strebte vielmehr nach einer Reinigung des kirchlichen wie des staatlichen Lebens, deren mittelalterliche Verflochtenheit vorausgesetzt blieb. Es handelt sich um ein religiöses Gemeinschaftserlebnis, das dahin drängte, auf dem kleinen Zürcher Territorium die Katholizität zu erneuern.

---

88 Z I 568,8f. – 89 Ib. 495,10. – 90 Ib. 559,20. – 91 Ib. 499,7ff., 552,1ff. – 92 Auch bei Oberman (Anm. 74). – 93 Z I 470,20. – 94 ZT 469–471. EAk Nr. 327. – 95 Z I 471. – 96 Vgl. oben zu Anm. 42. – 97 Z I 470,6f. – Realistisch: K. Maeder: Glaubensdiskussion und Meinungsbildung in d. Frühzeit d. Zürcher Ref. Z I 1973, 12–29. Ders.: Die Bedeutung der Landschaft für den Verlauf des reformatorischen Prozesses in Zürich. In: B. Moeller (Hg.): Stadt u. Kirche im 16. Jh., 1978, 91–98. – 98 Z II 14–457. H III und IV. („Usslegen"

C. Besinnung

18. Theologie: Das Usslegen [98]

Faber hatte sich anheischig gemacht, Zwinglis Artikel „alle zusammen umzukehren" [99]. Zwingli mußte mit dem Eindruck einer solchen Drohung auf die Öffentlichkeit rechnen. Das in Eile, vermutlich in Verbindung mit Predigttätigkeit, deutsch verfaßte „Usslegen" ist eine der wirksamsten evangelischen Dogmatiken geworden [100]. Besonders aktuell waren folgende Ausführungen. Zu Art. 1: Das Verständnis des Evangeliums schenkt der Hl. Geist, nicht die Kirche [101]. Zu Art. 2, 5, 50: Kern des Evangeliums ist das Sühnopfer Christi [102]. Zu Art. 16 [103]: Um Christi willen schenkt uns Gottes Gnade die Vergebung. Der Glaube, vom Geist gewirkt, vertraut darauf. Alle, die zum Glauben „gezogen werden", „fechtend streng wider die sünd" [104]. Darum besteht zwischen Gesetz und Evangelium keine Spannung, sondern Übereinstimmung [105]. Der Gegensatz heißt nicht „Glaube oder Werke", sondern „Glaube oder ‚menschlich geboten werck'" [106]. Zu Art. 18: Das Opfer am Kreuz schließt das Meßopfer aus. Meßopfer und Transsubstantiation [107] werden offen, die leibliche Realpräsenz (einstweilen) verschleiert bestritten" [108]. Das Nachtmahl ist „widergedächtnis und sicherung der erlösung" [109]. Nicht zufällig verbindet Zwingli hier eine Selbständigkeitserklärung mit einer ausführlichen, hohen Anerkennung Luthers [110] – eine Unionsofferte [111] vor Ausbruch des Streites, dessen Möglichkeit Zwingli ahnt [112]. Art. 16 und 20 beschreiben die Vorsehung und brechen mit dem humanistischen liberum arbitrium [113].

19. Ethik: „Göttliche und menschliche Gerechtigkeit" [114]

Diese Schrift wandte sich gegen die Nachrede, Zürich treibe der Anarchie zu. Sie setzt sich mit Gegnern wie radikalen Anhängern auseinander und enthält eine der klarsten und tiefsten Verlautbarungen der Reformation zum Verhältnis von Glauben und Politik. Menschliche Gerechtigkeit gibt „jedem das Seine", Gottes Gerechtigkeit schenkt. Die menschliche bleibt „prästhaft", darum mußte Christus die göttliche versöhnen. Doch auch die äußerliche Gerechtigkeit hat Gott geboten, um uns vor dem Chaos zu bewahren. Dasselbe Gotteswort kündet die Versöhnung und lehrt, was „gerecht" ist, z.B. die Ehe, den Gehorsam gegen die Obrigkeit, die Uneigennützigkeit. Das Eigentumswesen gehört zur gefallenen Welt, „daß dennocht die menschlich bywonung möge erhalten werden" [115]. So ist der Zehnte zu entrichten, solang die Obrigkeit ihn nicht aufhebt. Bei Wucher (Zins über 5%) oder in Härtefällen (Mißernte) soll die Obrigkeit schützen. Die Kompetenz der Obrigkeit hat am Wort Gottes ihre Grenze.

ist ein Infinitiv). – **99** Z I 557; 565; V 59. – **100** Für den Überblick über Zwinglis Theologie müssen wir auf unten Abschn. 46 und Kp. VIII verweisen. – **101** Z II 25 f. 26, 25 ff. – **102** Ib. 27–30. 38 f. 380 f. GWL ThZ I 34. 134 ff. – **103** Ib. 74–102: das Zentrum des Buchs. – **104** Ib. 42, 32 ff. – **105** Ib. 39. 76. 78. 79. – **106** Ib. 85. 20, 33 ff. – **107** Ib. 144, 13 f. – **108** Gegen WK I 1 ff. und F. Blanke RGG³ VI col. 1955. Z II 142–144. – **109** Z II 111, 30 ff. – **110** Ib. 145–150. – **111** Ib. 137, 30. 144, 21. 150, 13. – **112** Näheres ZwRef. 284–290. – **113** Z II 180. – **114** Z II 471–525. H VII 31–103. – GWL Eigentumsbegriff 29–36. – **115** Z II 521, 24. – **116** Z II 536–551. V 427–447. Neudeutsch: E.G. RUESCH: H.Z.: An den

20. Pädagogik: Das Lehrbüchlein

Das Lehrbüchlein [116], gewidmet dem Stiefsohn Gerold Meyer von Knonau, enthält eine Erziehungslehre, die auf der Grundlage evangelischen Glaubens beschreibt, wie der Jugendliche in eine Beziehung zu Gott, zu sich selbst und zu den Mitmenschen hineinwächst. Ziel der „Bildung" und Maßstab der Bildungsgüter ist die Abbildung der spendenden Güte Gottes. Die Schrift ist in einem fröhlichen Ton gehalten. Der „Schweizerische Humanismus" setzt sich fort in der Hochschätzung bürgerlicher Arbeit und heimatlichen Brauchtums.

21. Erste Folgen der Disputation

Nachdem der Rat die evangelischen Prediger ins Recht versetzt hatte, mußte er sie vor dem Bischof schützen. Ein Vertrag von 1506, der diesem Handhabe zu Eingriffen bot, wurde gekündet [117]. Landsgemeinden erhielten auf Wunsch *evangelische Pfarrer*. Bei den zahlreichen Austritten aus Frauenklöstern hatte das Klostervermögen eine Mitgift auszurichten. Dem Vorbild von Pfarrer Wilhelm Röubli in Wytikon, der am 28. April 1523 öffentlich Hochzeit hielt, folgten viele Amtsbrüder. – Dem verfemten *Ulrich von Hutten* bot Zürich Asyl; er starb 1523 auf der Ufenau. Darin zeigte sich die Selbständigkeit des Rates und Zwinglis Entfremdung von Erasmus; denn dessen unschöne Warnungen, die den Todkranken überall hatten verjagen lassen, lenkten die Blicke ganz Europas auf diesen Aufenthalt [118].

D. Durchbruch: Die Zweite Disputation

22. Um Taufe und Messe

Die evangelische Predigt fachte eine wachsende *Unzufriedenheit mit den überlieferten Formen* an. Diese verband sich oft mit sozialpolitischem Mißtrauen: die Geistlichkeit liefere dem Volk nicht das, worauf ihm der Zehnte Anrecht gebe, z.B. den Wein bei der Messe. Leo Juds vorläufiges *deutschsprachiges Taufformular* [119] vom August 1523 wurde gut aufgenommen [120], es milderte die exorzistischen Stücke. Einen ersten Angriff auf die Messe richtete Zwinglis lateinischer „*Versuch über den Messkanon*" [121] mit Kritik und Gegenvorschlag. Die Messe sei kein Opfer, sondern Erinnerung an Christi Kreuzesopfer; Christi Einsetzung gebiete die „doppelte Gestalt", Ornat und lateinische Gesänge seien Nebensache.

23. Um die Bilder

Gegen die „Götzen" wandte sich die Bewegung spontan. Wo die Eigentümer sie heimholten, vollzog sich alles in Ruhe [122]. Doch vielerorts kam es zu Tumulten gegen die Demonstrationen einer reichen Kirche und zu grobem Unfug [123]. Eine

---

jungen Mann, 1952. DERS.: Die humanist. Vorbilder der Erziehungsschrift Zwinglis, ThZ 1966, 122–147. – **117** EAk Nr.332. – **118** H.G. KELLER. Hutten u. Zwingli, 1952. – **119** Z IV 707–713. – **120** Wyss 36. Bull. I 112. – **121** De canone missae epichiresis Z II 556–608. F. SCHMIDT-CLAUSING: Zwinglis Kanonversuch, 1969. – **122** EAk Nr. 421. – **123** P.H. HUBER: Annahme u. Durchführung d. Ref. auf d. Zürcher Landschaft 1519–30, 1972. – K. MAEDER: Glaubensdiskussion ... s.o. Anm.97. – **124** EAk Nr.416. –

Predigt Leo Juds[124] und eine Schrift Ludwig Hätzers[125] gossen Öl ins Feuer. Oft kam der Erlös den Armen zugute; das war Zwinglis Neuinterpretation der „communio sanctorum"[126].

24. Ausschreiben und Artikel

Der Große Rat setzte eine „*Disputation über Bilder und Messe*" durch. Das *Ausschreiben*[127] zum 26. Oktober 1523 formuliert sorgfältig: der Rat, für Frieden verantwortlich, will sich die umstrittenen Fragen, was aufgrund „warer göttlicher geschrifft" von den Bildern und der Meßpraxis zu halten sei, „erläutern" lassen, um daraufhin zu entscheiden[128]. Aufgeboten sind die Pfarrerschaft und votierende Laien, eingeladen die Bischöfe, die Universität Basel, die Eidgenossen und die Zugewandten. Die Artikel[129] lauteten: „Das die bilder nit sin söllend" und „Das die mess nit ein opfer sye".

Von den Eingeladenen ließen sich nur Schaffhausen und St. Gallen vertreten. Sonst war die Beteiligung stark; Bullinger erzählt von gegen 900 Mann, darunter vielen Gelehrten[130]. Namhafte Teilnehmer, besonders Gegner, wurden planmäßig aufgerufen. Doch entstand auch ein innerevangelischer Dialog. Die *Disputation* widmete einen Tag den Bildern, zwei der Messe.

25. Verlauf: Die Bilder[131]

Leo Jud argumentierte bemerkenswerterweise neutestamentlich: es gelte die Anbetung im Geist[132]. Eben daran knüpfte der Johanniterkomtur *Konrad Schmid*, ein von der devotio moderna herkommender[133] Kampfgenosse, seinen Einwand: Die „äußerlichen Bilder", eigentlich adiaphora, dürften erst fallen, wenn zuvor das wahre Bild Christi in den Herzen aufgerichtet sei[134]. Auch Zwingli vertrat, daß die Predigt vorausgehen müsse; aber „alles das got verbotten hat, das ist nit ein mittelding"[135].

26. Verlauf: Die Messe

Zwingli erklärte es als „gotteslästerlich", daß wir aus Leib und Blut Christi „ein opfer machend und gelt darum nemend, das aber got Christus unser erlöser allein uns zuo einer spyss und zuo einer widergedächtnus sines lydens und testaments ggeben hat"[136]. Der kundige Landpfarrer Konrad Schmid verlangte wieder, „das man zuvor den Christen ein wytere bericht gebe"[137].

---

125 L. HAETZER: Ein Urteil gottes ... Froschouer, Sept. 1523. – G. GOETERS: Ludwig Haetzer, 1957, 17–19. – BRZ 126–128. – **126** Z II 449 ff. III 51. – **127** Z II 678–680. – Bull. I 128 f. EA IV/1 a 342 f. – **128** Diese Zielsetzung und der damit übereinstimmende Verlauf der Disputation widerlegen Yoders Vermutung, dieselbe habe Zwingli erst zur Einräumung der kirchlichen Kompetenzen an den Rat veranlaßt, die Akten seien nachträglich dementsprechend frisiert worden, usw. Yoder schließt sich damit an Vasellas Fälschungshypothese an. Wenn man die drei innerevangelischen Gruppen unterscheidet (s. u.), liegt zu diesen Komplikationen kein Anlaß vor. O. VASELLA ZSKG 1954, 184; 1956, 221. – J. YODER: The Turning Point in the Zwinglian Reformation MQR 1958, 128–140. – DERS.: Die Gespräche zwischen Täufern und Reformatoren in d. Schweiz 1523–38, 1962, 22–28. – R. C. WALTON: Zwingli's Theocracy, 1967, Kp. 11–13. – OBERMAN Werden, 1977, 295–299. – **129** Z II 693,21 f. – **130** Bullingers u. Hätzers Zahlen differieren. OF III 435. – **131** H. V. CAMPENHAUSEN: Die Bilderfrage in d. Ref., In: Ders.: Tradition u. Leben, 1960, 361–407. – M. STIRM: Die Bilderfrage in d. Ref., 1977. – **132** Z II 696. – **133** Nicht von Luther (So WK HZ 111). – **134** Z II 699–707. – **135** Ib. 708,23. – **136** Ib. 733,10–13. – **137** Ib. 794,10. – **138** Ib. 684 f.

27. Verlauf: Die Kirchenhoheit des Rates

Die Kirchenhoheit des Rates war der dritte „Artikel", den sowohl die Katholiken[138] als auch die Radikalen[139] nachdrücklich zur Sprache brachten. *Simon Stumpf* mißfiel es, daß Meister Ulrich „das urteil minen herren in ir hand gibt". Zwingli darauf: „Ich gib inen das urteil nit in ir hand". Niemand darf über das Wort Gottes urteilen. Diese Konferenz will „aus der Schrift erfahren, ob die Messe ein Opfer sei". Daraufhin wird der Rat die geeigneten Maßnahmen erwägen[140]. Das Ergebnis war ein doppeltes: a) Die Verpflichtung des Rats. b) Die Abkehr der Radikalen[141].

28. Der Beschluß

Der Beschluß[142] vom 29. Oktober 1523 berücksichtigte neben dem biblischen Befund auch den geistigen Zustand von Volk und Klerus. 1) Mit den Bildern bleibt es „bis uf weitern bescheid" beim Herkommen; nur Eigentümer dürfen sie heimnehmen. 2) Desgleichen mit der Messe „bis uf witern bescheid und bald komende erlütrung". 3) Zur Förderung der Predigt „des heiligen Evangeliums" wird eine „kurze inleitung" erscheinen. 4) „Etlich gelehrte Priester" (Abt Johner von Kappel, Komtur Schmid und Zwingli) werden die Zürcher Landschaft bereisen.

29. Zwinglis „Christliche Einleitung"

Zwinglis „Christliche Einleitung"[143] erschien mit Ratsmandat[144] bereits am 17. November 1523. Sie faßt die Theologie der Schlußreden zusammen.

30. Folgen und Bedeutung

Zwingli und Jud hatten sich in der Mitte befunden zwischen dem radikalen Flügel *Konrad Grebels, Stumpfs* und ihrer Genossen und den seelsorgerlich vorsichtigen Landschäftlern wie Konrad Schmid, welche die aus politischen Gründen zögernden Ratsherren gewannen. Dabei war die reformatorische Methode die gleiche: erst Predigt und Glaube, dann als Konsequenz die Neuordnung. Die Differenz lag in der Ermessensfrage, ob die Zeit reif sei oder nicht. *Schmid* war der Sieger des Tages. Der *Aufschub* der Maßnahmen um ein halbes bzw. um anderthalb Jahre hat die *Abspaltung der Radikalen* und ihre Entwicklung zur Täuferbewegung zur Folge gehabt. Der mit den Tränen kämpfende Reformator ahnte das Verhängnis[145].

Trotzdem bedeutete die Zweite[146] Disputation den *Durchbruch* der Reformation. Jetzt wurde die Bewegung aus einer spontanen Predigtgemeinde, die den Rat mitzog, zu einem offiziellen Unternehmen. Der Rat war jetzt als christliche Obrigkeit verpflichtet, Initiativen zu ergreifen. Die Reformation wurde nunmehr in Stadt und Landschaft methodisch angestrebt.

687. 764. 775f. – **139** G. GOETERS: In: Die Vorgeschichte des Täufertums in Zürich, In Festschrift Bizer, 1969, 264–270. – **140** Z II 784,19–26. – **141** Ib. 679. 775. 784. 796f. 799–802. – **142** EAk Nr. 436 (Datum nach Z II 668 zu korr.) Bull. I 135ff. Z VIII 129ff. – **143** Z II 626–663; 668. – H I 243–293. – **144** Damit die älteste offizielle reformatorische Bekenntnisschrift. – **145** Z II 799,18ff. – **146** Nicht die Erste. – **147** Z III 1–68. – **148** EAk

E. Durchführung. Probleme. Dritte Disputation

31. „Der Hirt" [147]

Zur Instruktion seiner meist willigen, aber mangelhaften Amtsbürder erweiterte Zwingli seine an der Disputation gehaltene Predigt. Sie schreitet von des Menschen Elend durch die Gnade zum christlichen Leben. Sie mahnte den Gemeinde-„Bischof" zu Bibelstudium, Unerschrockenheit und Selbstlosigkeit.

32. Unruhen [148]

Die Autorität des Stifts wankte; Kapläne lasen keine Messe; einzelne Gemeinden ersetzten sie durch eine Predigt. Andern Priestern schlug das Gewissen, das eidlich gebunden war, das Herkommen zu wahren [149]. Rechtlich machte *Konrad Hoffmann* geltend, infolge des Schriftprinzips hätten die Gegner der Neuerungen kein ungehindertes Gehör besessen. Damit setzte er eine erneute Disputation durch [150].

33. Dritte Disputation

Zur *Dritten Disputation* [151] am 13. und 14. Januar 1524 waren zwölf Deputierte aufgeboten: aus beiden Räten, Chorherren und prominenten Geistlichen; ferner fünf Beschwerdeführer sowie Zwingli, Jud und Engelhardt als Angeklagte. Also ein Kreis von maßgeblichen Experten. Die politische Aufsicht lag beim konservativen Junker Jakob Grebel. Die Kläger konnten ausreden, auch wo sie den Boden der Bibel verließen. Zur Sprache kamen: die Kompetenz der Ersten Disputation, Schriftprinzip, Messe, Heilige, Bilder, Jus reformandi. Nach einhelligem Urteil bestanden die drei Pfarrer „allweg bi der göttlichen geschrifft"; die Kläger hätten nur Menschenlehre vorgebracht. Ganz schwach hatten sie die Messe verteidigt. Die katholisch-theologische Opposition, bisher nur überrannt, galt jetzt als widerlegt. Doch bewies der Vorgang, daß der alte Glaube nicht erloschen war.

34. Radikale

Die Radikalen sahen das nicht ein. Zögern galt ihnen als gottlos. Mit den Reformatoren hatten sie innerlich gebrochen. Seit der Zweiten Disputation, schrieb *Konrad Grebel,* werde in Zürich Gottes Wort von seinen Verkündern verkehrt [152].

35. Maßnahmen

Die Radikalen empfanden richtig, daß der Rat, indem er die evangelische Predigt förderte, seine *Kirchenhoheit* ausbaute. Wichtig wurde der Beschluß [153] vom 11. Januar 1524, der die Verhandlungen über unrichtiges Predigen vom Kleinen auf den Großen Rat übertrug. Dadurch waren eifrige Prediger besser geschützt. Seit Weihnachten 1523 schwanden der mittelalterliche *Kultus* wie Fasten, Beichten, Prozessionen, Wallfahrten und Fronleichnam. In den meisten Kirchen fielen die Altäre. Auch das Orgelspiel, sogar die Letzte Ölung stellte der Rat ab. Am 15. Juni 1524 verfügte er die (ordentliche) *Entfernung der Bilder.* Die Landschaft machte willig mit [154].

Nr. 456. – **149** EAk Nr. 460, S. 188. – **150** EAk Nr. 484, S. 201 ff. Bull. I 140. – **151** EAk Nr. 483–489. Protokoll verloren; Themen und Verlauf aus den Memoranden der Opponenten und aus dem Schlußbericht erkennbar. – **152** QGTS I Nr. 8. – **153** EAk Nr. 480. – **154** EAk Nrn. 544, 546, 552, 558, Bull. I 177–180. P. H. Huber (s. o. Anm. 123). –

F. Aufbau der Gemeinde

36. Abendmahl

Am 11. April 1525 endlich unterbreitete Zwingli dem Rat eine neue, deutschsprachige Abendmahlsliturgie; am 12. faßte dieser den Beschluß, statt der Messe „die gedechtnuss des insatzes und tisch gottes, wie es die apostel gebrucht habend"[155], einzuführen. Die Majorität war knapp, doch freute sich die Gemeinde. Ab 13., Gründonnerstag, „ward der Tisch Gottes ufgericht"[156], und zwar zuerst für die jungen Leute. Die „*Action oder bruch des Nachtmahls*"[157] verbindet Einfachheit mit Lebendigkeit. Das Vorwort betont die Freiheit der Zeremonien; der Verzicht auf Gesang ist nicht prinzipiell. „Verordnete Diener", auch Laien, übernehmen Lesungen und Austeilung; in sitzender Kommunion gehen Brot und Wein von Hand zu Hand. Die Feier findet Ostern, Pfingsten, „Herbst".[158] und Weihnachten statt. Sie beläßt das Gewicht bei der Predigt. Ein Gebet um Glauben ersetzt die „Kollekte". Fundamental ist das gemeinsam gesprochene Credo. Nach der Kommunion mit 1. Kor. 11 wird „nach Christi Vorbild" Psalm 113 gesprochen.

37. Gottesdienstordnung

Die gesamte „*Ordnung der christlichen Kirche zuo Zürich*"[159] kam nach begründeter Vermutung noch gleichen Jahres zum Abschluß. Das Taufformular zeigt Spuren von Auseinandersetzungen: Das „gnadenryche wasser" meint den Heiligen Geist[160]; vom Kinderglauben ist keine Rede[161]. Die Eheordnung gründet auf dem consensus nupturientium, regelt aber die Einspruchsmöglichkeit und beginnt damit den Kampf gegen die sog. „heimliche" Eheschließung. Die kurzen Gebete vor und nach der Predigt umfassen die Fürbitte. Das Vaterunser wird gemeinsam gesprochen. Die in der Woche Verstorbenen werden sonntags „verkündet". Die Offene Schuld erscheint merkwürdigerweise am Ende; ihr folgt keine Absolution, sondern eine Bitte um Vergebung. Die Ordnung des Nachtmahls bleibt die beschriebene.

38. Sozialpolitik

Die Verflechtung der Zürcher Reformation mit sozialen Motiven führte zu ernsten Unruhen und zwang damit den Rat zu beschleunigten Reformen. Die wichtigsten waren folgende. a) In der *Zehntenfrage* wurden Unbotmäßige zwar zu ihren Pflichten verhalten, doch Mißstände abgestellt. Mit Strenge schritt der Rat gegen die *Reisläuferei* ein. Maßstäbe setzte seit September 1523 die „Reformation" des reichen *Stifts*[162]: Es fallen die Gebühren für Kasualien. Die Zahl der

---

155 Z IV 4ff. EAk Nr. 684. Z IV 476–482. – 156 Wyss 62. – 157 Z IV 1–24. F. SCHMIDT-CLAUSING: Zw. als Liturgiker, 1952. – J. SCHWEIZER: Ref. Abendmahlsgestaltung ..., o. J. (1954). – M. JENNY: Die Einheit des Abendmahls ... 1968, 31–70. – 158 Zürichs Kirchweihe, 11. September. – 159 Z IV 671–717 (Undatiert). – Dazu: Zürcher Agende, gedruckt 1528, ZB Zürich, Familienarchiv Ott, Theke 11. (STAEDTKE). Wir halten mit W. KOEHLER (Z IV Nr. 70) die Datierung auf „nach Ostern 1525" für richtig. (Gegen F. SCHMIDT-CLAUSING in ThZ 1969, 252–265. Die Einzelreformen drängten nach Zusammenfassung). – 160 E. SAXER: Reformierte Tauflehre ... ThZ 1975, 95–107. – 161 Gegen J. M. USTERI, Darst. d. Tauflehre Zw's, ThStKr 1882, und W. KOEHLER Z IV 672. Zwingli polemisiert Z V 649f. heftig gegen die „fides infantium". – 162 J. FIGI: Die innere Reorganisation d. Großmünsterstifts, 1951. – 163 Z IV 520–525. M. JENNY: Zw's Stellung zu Musik u. Gottes-

Chorherren wird drastisch herabgesetzt, stattdessen eine theologische Schule errichtet. Andere Einnahmen gehen ans Spital und die Armenpflege. Ähnliche Maßnahmen erfolgten an zahlreichen Stiftungen in Stadt und Landschaft. Am 30. November 1524 übergab Katharina von Zimmern, evangelisch gewordene Äbtissin zum *Fraumünster*, die alte Stiftung der Stadt. Damit begann die populäre *Aufhebung der Klöster*. Mönche wurden Handwerker oder studierten, Nonnen empfingen Aussteuern; Alte starben im Frieden ab. Für den Konvent in Rüti schrieb Zwingli eine evangelische Regel[163]. Die *Almosenordnung* vom 15. Januar 1525 organisierte die Fürsorge umfassend; Gassenbettel wurde verboten. Es entstand das „Almosenamt" als leistungsfähiger Fonds öffentlicher Wohltätigkeit. Mit dem *Kirchengut*[164] verfuhr man im allgemeinen gewissenhaft; es gehörte der Kirche, der Schule und den Armen. Die *Kirchgemeinden* blieben wirtschaftlich selbständig; wo ihr Besitz nicht ausreichte, gab es Subventionen.

39. Zucht

Ursprünglich hatte Zwingli der Einzelgemeinde das Recht einer (erzieherischen) Exkommunikation zugedacht[165]; das lehnte der Rat ab. Aber auch das in Zusammenarbeit mit dem Rat am 10. Mai 1525 eingesetzte *„Ehegericht"* [166] vermochte dem Gemeinwesen ein sittenstrenges Gepräge aufzudrücken. Es bestand aus je zwei Mitgliedern beider Räte und der Pfarrerschaft und trat an die Stelle des bischöflichen Gerichts. Es formulierte das Recht auf Ehe, die eigene Ehemündigkeit mit 19 Jahren, die Ehehindernisse (nur noch die alttestamentlichen). Es gibt jetzt Scheidung und Wiederverheiratung. Die „heimliche" Ehe, Quelle unzähliger Wirren, hat zu verschwinden. Eintragung ins Kirchenbuch ist Pflicht. Ehebruch und Hurerei werden mit Bann und Bußen bestraft. Bereits am 21. März 1526 erweiterte sich das Ehe- zum Sittengericht und übernahm eine gewisse Kontrolle der ganzen Bürgerschaft. Auf dem Land traten Untervogt und „Ehegaumer" (Aufseher) zum „Stillstand" zusammen, der mehr vorbeugend und seelsorgerlich wirkte. Das Vorbild dieser Zuchtordnung wurde ein wichtiger Beitrag Zürichs[167] an die Entwicklung des gesamten Protestantismus[168].

G. Kampf nach außen

40. Beckenried

All diese Neuerungen vollzogen sich unter dem Gegendruck der Umwelt. Schon im Juli 1522, längst vor der Ersten Disputation, schloß sich die antireformatorische Tagsatzungsmehrheit zusammen. Tagsatzung und Bistum beriefen sich auf das Wormser Edikt vom April 1521 und verlangten immer dringender die Unterdrückung „lutherischer" Lehren und Bücher. Nur die Städte, selbst mit evangeli-

---

dienst, 1966, 26–28. – **164** Largiardèr I 315 ff. – H. HUESSY: Der Staatshaushalt Zürichs im 16. Jh., ZT 1953, 32–57. – **165** Egli Analecta I 99–121. – R. LEY: Kirchenzucht bei Zw., 1948. – **166** Auch „Chorgericht" oder „Consistorium". Z IV 180–187. – K. KILCHENMANN: Die Organisation d. Zürcher Ehegerichts..., 1946. – **167** W. KOEHLER: Zürcher Ehegericht und Genfer Konsistorium, I 1932, II 1942. – **168** In der Schweiz und Süddeutschland übernahmen viele Städte die Institution. Calvin brachte sie aus Straßburg nach Genf mit. „Consistoire" und Presbyterium verliehen dem Calvinismus weltweit seine Durchschlagskraft. –

schen Bewegungen behaftet, traten für „gütiges Verhandeln" ein. Deshalb beschlossen am 8. April 1524 die „Fünf Orte" (Luzern, Uri, Schwyz, Unterwalden und Zug) in *Beckenried* „bi christenlicher Kirchenordnung, wie von alters har, und bi dem waren rechten christenglouben ze bliben, ouch diese Luterische, Zwinglische, Hussische, irrige, verkerte leer in allen unseren bieten und oberkeiten zu wehren"[169]. Damit war die politische Spaltung offiziell. In der Folge drohten die Fünf Orte und Freiburg den *Abbruch aller Beziehungen* zu Zürich an[170].

41. Ittingersturm[171]

Stammheimer Märtyrer. Mit dem Thurgau fing man an. Bereits in der Nacht des 17. Juli verhaftete der Thurgauer Landvogt *Josef Amberg* Pfarrer *Hans Oechsli* auf Burg bei Stein a. Rh. In der benachbarten Talschaft Stammheim hatte Zürich das niedere, die Landvogtei Thurgau das Hochgericht inne. Der Versuch der Stammheimer, die Entführer einzuholen, mißlang; Erregung und Hunger der Verfolger ließen die reiche Kartause Ittingen in Flammen aufgehen, trotz des Einschreitens der Untervögte *Hans Wirth* (Vater) und *Burkhard Reutimann*. Unter dem Druck der Rechtslage und der Kriegsdrohung lieferte Zürich Vater und Söhne Wirth und Reutimann aus. Die Tagsatzung in Baden stellte (peinlich) die Glaubensfrage und bezog ein, daß in Stammheim die Bilder zerstört waren. Die *Untervögte* und *Pfarrer Hans Wirth* (Sohn) wurden enthauptet; ihr Gang war aufrecht. Das Urteil zeigt, wie tief man die Reformation als aufrührerisch und bundeswidrig empfand.

42. Luzerner Verkommnis

Österreich, Bayern und die süddeutschen Bischöfe hatten Ende Juni 1524 den *Regensburger Konvent* zur Durchführung des Wormser Ediktes geschlossen. Die Bemühungen des Kaiserlichen Sekretärs *Veit Suter* bei der Tagsatzung, die Unterdrückung der „lutherischen Lehre" zu koordinieren (Auslieferung von Flüchtlingen usw.), erreichten am 28. Januar 1525 in Luzern ein „Verkommnis" der Fünf Orte. Es übernimmt in seinem „Glaubenskonkordat"[172] vom Regensburger Edikt den strengen Gehorsam gegen die Kirche und verbietet ausdrücklich auch „zwinglische" Schriften. Bemerkenswert sind in diesem Laiendokument aber die gleichzeitigen Reformforderungen an die Kirche.

H. Rüstung und Vertiefung

43. Rüstung

Seit der Verständigung der Fünf Orte mit Österreich befürchtete das isolierte Zürich einen Überfall. So beschloß es am 20. November Rüstungskäufe, die Einsetzung eines *Heimlichen Rats*[173] und Vortrag an Zünfte und Gemeinden. Die schriftlichen Antworten forderten „unser Herren" auf, daß sie „für farint ... nach lut des göttlichen worts"[177].

---

169 BRZ Nr. 202. – 170 EA IV/1a 455 ff. – 171 W. KOEHLER Z III 511–522. (Lit.). – G. FRANZ: Der dt. Bauernkrieg ⁹1972, 96 ff. (Lit.) – 172 EA IV/1a 572–578. – 173 „Heimliche Räte" umgingen die ordentlichen Räte nicht, sondern waren vorbereitende Spezialkommissionen. W. JACOB, Zwa XIII/4, 1970, 234–244 (Lit.) E. FABIAN: Geheime Räte ..., 1974 (Lit.). – 174 EAk Nr. 589. – 175 EAk Nr. 426. – CHR. ZUERCHER: Pelikans Wirken ... 1975, 34–38. – 176 Z IV 365. 702. F. SCHMIDT-CLAUSING Zwa 1964, 10 ff. – 177 W.E. MEYER Zwa XIV/6, 1976, 321 ff. – 178 J. J. MEZGER: Gesch. d. dt. Bibelübersetzungen in d. schw.

44. Prophezey[175]

Seit 19. Juni 1525 traten jeden Wochentag außer Freitag (Markt) von 8–9 Uhr alle Pfarrer und Studenten im Chor des Großmünsters seminarmäßig zusammen. Die Schule war nach 1. Kor. 14,28ff. benannt, wo Zwingli das Sprachenstudium vorgeschrieben fand. Nach einem Gebet[176] um Erleuchtung wurde fortlaufend ein Bibelabschnitt von drei Lehrern nach Vulgata, hebräischem Urtext und Septuaginta sprachlich und sachlich erläutert; meist übernahm dann Zwingli die (lateinische) Gesamterklärung. Ein Viertel ließ daraus für die Gemeinde, die sich inzwischen einfand, „in guot Tütsch" eine Bibelstunde folgen. Des Nachmittags führte Zwingli an der Lateinschule des Myconius, zum Fraumünster durchs Neue Testament[177]. Die Prophezey fand in Holland, Ostfriesland und Schottland Nachahmung. In Zürich gingen aus ihr verbreitete Kommentare hervor.

45. Bibelübersetzung

Auch die Zürcher *Bibelübersetzung*[178] war ihre Frucht. Bereits 1524 erschienen in Zürich zwei alemannische Bearbeitungen von Luthers Neuem Testament; das Lutherdeutsch war im Süden oft unverständlich. Auch beim Alten Testament schlossen die Zürcher sich an die Wittenberger an, waren aber eher fertig, indem sie die dringend verlangten Propheten und Psalmen selbst übertrugen. März 1529 lag die Zürcher Bibel vollständig vor, mitsamt den von Leo Jud übersetzten Apokryphen. „Die" *Froschauerbibel*, ein typographisch hervorragender Foliant, erschien 1531; von den 200 Bildern geht die Hälfte auf Holbein zurück. Zwinglis Vorrede erkennt dankbar an, daß man in Zürich die Lutherbibel zu Rate zog. Doch entwickelte sich hier eine andere Tradition: dem Wandel der Sprache und der Forschung gemäß wurde die Hl. Schrift in jedem Jahrhundert ein- oder zweimal neu gefaßt.

46. Dogmatik

Zwinglis theologisches Hauptwerk, der „Commentarius de vera et falsa religione"[179], erschien im Frühjahr 1525. Zwingli hat später noch einzelne Themen ausgebaut, aber der Duktus seines Denkens liegt fest. Da wir Zwinglis Theologie ein eigenes Kapitel widmen, greifen wir hier nur Einzelheiten heraus. 1. Gebildete Kreise in Frankreich haben das Buch verlangt[180]. Die eindrückliche Vorrede an König Franz I. kennzeichnet die geschichtliche Stunde: Infolge der eingerissenen Idolatrie sind die Völker der Korruption verfallen; das Evangelium ist ihre letzte Chance zur Umkehr[181]. 2. Religion wird erst ermöglicht durch Gottes Ruf. Die religio christiana ist die materiale Füllung des in der religio (Gottes!) formal Angelegten. Deshalb ist das Evangelium das Kriterium für alle wahre oder falsche Religion. Die Grenze verläuft durch jedes Menschenherz. 3. Die „religio christiana" umfaßt die Trinität, die Gnade in Christus, die Sündverfallenheit des Menschen und die Satisfaktion durch den Gottmenschen als Grundlage der Versöhnung[182]. 4. Der Abschnitt De poenitentia schildert das „simul iustus simul peccator"[183]. 5. Im Schlußsatz beachte man die Reihenfolge der Motive: „Alles, was ich sagte, wurde zu Gottes Ehre, zum Aufbau eines christlichen Staatswesens und zum Heil der Gewissen gesagt"[184].

ref. Kirche ..., 1876; Neudruck 1967. – J.C. GASSER: 400 Jahre Zwingli-Bibel, 1924. – **179** Z III 590–912. – H IX u. X (F. Blanke). – Wernle II 143–245. – **180** WK Z III 591ff. – **181** Z III 633f. – **182** Z III 675; 678; 681ff. – **183** Ib. 701–708. – **184** Ib. 911,30f. –

IV. Die Bauernbewegung in der Schweiz in ihrer Beziehung zur Reformation

G. Franz: Der dt. Bauernkrieg, ¹¹1977. – Ders. Aktenband (1935) 1968. – P. Blickle: Die Revolution von 1525, ²1981. – K. Kaczerowsky (Hg.): Flugschriften d. Bauernkriegs, 1970. – G. Jaeckel: Kaiser, Gott u. Bauer, 1975. – H. Nabholz: Die Bauernbewegung in d. Ostschweiz 1524/25, 1898. – Ders.: Zur Frage nach d. Ursachen d. Bauernkrieges 1525; in: H. N.: Ausgew. Aufsätze, 1954. – W. Claessen: Schweiz. Bauernpolitik zur Zeit Zwinglis, 1899. – E. Bonjour: Die Bauernbewegung 1525 im Staate Bern, 1923. – E. Ramp: Das Zinsproblem, 1949. – E. Walder: Der polit. Gehalt d. Zwölf Artikel, SBAG 1954. – H. A. Oberman (Hg.): Deutscher Bauernkrieg 1525, ZKG 1974/2. – B. Moeller (Hg.): Bauernkriegs-Studien. SVRG 189, 1975. – H. R. Lavater: Bauernkrieg 1525, Reformatio 1975/9. – H. A. Oberman: The Gospel of social unrest. HThR 1976, 103–123. –

1. Ursachen

Die *Ursachen* der „Bauernunruhen" des 16. Jahrhunderts liegen im Staatswerdungsprozess. Die Bezeichnung ist ungenau: es handelt sich nicht um den Berufsstand, sondern um die politische Stellung der Untertanen. Die Gründe lagen in der Schweiz noch weniger als in Süddeutschland auf wirtschaftlichem Gebiet; sie waren primär politischer und psychologischer Natur, wobei auch in dieser Hinsicht infolge der Selbstverwaltung der Gemeinden die Spannungen nicht sehr scharf waren. Nicht einmal die wenigen Leibeigenen waren bedrückt[1]. Die Hauptbegehren der Schweizer Bauern waren bereits vor dem deutschen Aufstand von 1524 verbreitet. Zweifellos haben die grenznahen Vorgänge die Zürcher Untertanen angespornt, ihre Forderungen zu erneuern. Aber Charakter und Verlauf der Bewegung waren anders. Die Bauern selbst erklärten, ihre Pfarrer hätten sie mit ihren Predigten zu ihrem Vorgehen veranlaßt[2]. Dazu stimmt die Opposition der Gemeinden des Großmünsterstifts seit 1522[3].

2. Die Krise 1524/25

Der heftigste Ausbruch erfolgte am Anfang: der Ittingersturm (Juli 1524)[4]. Dann gab es etwa ein Jahr lang in zahlreichen Dörfern der Zürcher Landschaft Zehntenverweigerungen und Tumulte. Die Unzufriedenen traten miteinander in Verbindung und reichten zuletzt ihre Forderungen schriftlich ein. Der Rat verhandelte; seine Verordneten halfen sogar gelegentlich bei der Formulierung der Begehren mit. Ein Mandat vom 1. Juli 1525 versprach wohlwollende Prüfung[5]. Die Dokumente berufen sich auf das Gotteswort, anerkennen aber die Herrschaft der Stadt. Die Forderungen sind die alten: Aufhebung des Kleinen Zehnten, den Großen auf Korn und Wein will man leisten; freie Jagd, freier Fischfang; Abschaffung der Leibeigenschaft. Neu war das Verlangen nach evangelischer Predigt, mit Pfarrwahl und -absetzungsrecht. Das Kirchengut soll im Dorf bleiben. Neben den traditionellen Begründungen mit dem Alten oder dem Göttlichen Recht erscheinen evangelische[7]: schöpfungsmäßige Gleichheit und christliche Bruderschaft der Menschen[8]. Auch Satzungen der Gesellschaft kann das „Gotzwort" aufheben[9].

1 Ausnahme: Die Alte Landschaft der Fürstabtei St. Gallen. – 2 EAk Nrn. 703. 756. 744. 694. 771. – 3 EAk Nr. 763. – 4 S.o.S. – 5 EAk Nr. 763. – 6 EAk Nr. 702. 703. 710. 729. – 7 EAk Nr. 729. – 8 EAk Nr. 710. – 9 EAk Nr. 729, p 340 u. 341 u. – K. Maeder: Die Bedeutung der Landschaft für d. Verlauf d. reformat. Prozesses in Zürich; in: B. Moeller (Hg.): Stadt u. Kirche im 16. Jh., SVRG 190, 1978, 91–98. – 10 Z II 458ff.; H VII 31ff. –

IV. Die Bauernbewegung in der Schweiz in ihrer Beziehung zur Reformation J 35

3. Zwingli

Zwingli wurde von der Obrigkeit mehrfach um Rat gebeten. Seine Schriften „*Von göttlicher und menschlicher Gerechtigkeit*" [10] und „*Wer Ursach gebe zu Aufruhr*" [11] konstatierten, daß nicht das Evangelium, sondern die Ausbeutung Empörung säe; sie mahnten den Bauern weitgehend entgegenzukommen. Das war auch die Tendenz seiner Ratschläge [12]. Jedoch machte sich im Rat der reaktionäre Sekretär *Joachim Amgrüt* zum Sprecher des Widerstandes; Zwingli drang nur teilweise durch. Zuletzt hat er geholfen, den Kompromiß zu formulieren, der seinen Wünschen längst nicht entsprach – vermutlich, damit Amgrüt nicht den Auftrag erhielt [13].

4. Ratsentscheid

Der Ratsentscheid hob a) die Leibeigenschaft auf [14]. b) beließ er den Großen Zehnten in Kraft; den Kleinen nur von der ersten Saat; er wird ablösbar [15]. c) Der Kirchenzehnte soll sinngemäß verwendet werden. d) Die Besetzung der Pfarrstellen bleibt beim Rat. – Ein gewisser sozialer Fortschritt ist nicht zu verkennen. Zu bedenken ist, daß der Rat in dieser Sache nicht frei war. Er konnte keine Zehnten aufheben, ohne neue Ungleichheiten zu schaffen [16]. Noch lange war das Zehntenwesen das Gerüst des Wirtschaftssystems; daran konnte man in Zürich nichts ändern.

5. Die übrige Schweiz [17]

Während der Verbreitung der Unrast 1525 gestalteten sich je nach den Rechtsverhältnissen die Forderungen und Entscheidungen verschieden. Die Thurgauer verlangten außer dem üblichen das Recht, Landsgemeinden einzuberufen; es wurde bewilligt. Auf Abweisung stießen die Leute der Abtei St. Gallen. Auch die Schaffhauserischen Gemeinden hatten wenig Erfolg. Einige Verbesserungen erreichten die Bauern der Landschaft Basel. Bern erklärte den Kleinen Zehnten für ablösbar und gab sogar einen Teil der Jagd frei [18].

6. Das kirchengeschichtliche Ergebnis

Wirtschaftlich brachte die zentralisierende, nunmehr städtisch-moderne Verwaltung auch den Dörfern bedeutende Vorteile. Doch mit der reformatorischen Betonung der Verantwortung der Obrigkeit wuchs auch deren Autorität. Das trieb dem kirchlich gestützten Obrigkeitsstaat zu.

---

11 Z III 355 ff. H VII 123 ff. – 12 Z IV Nrn. 57. 58. 62. 66. – 13 Vgl. das Stoßgebet Z IV 536,1. – 14 EAk Nr. 726. – 15 EAk Nr. 799. – 16 EAk Nrn. 763. 799. – 17 G. FRANZ 148–153. – 18 StT Nr. 743.

V. Die Täufer

H. J. HILLERBRAND: Bibliographie des Täufertums 1520–1630, 1962. DERS.: A Bibliography of Anabaptism, 1520–1630. A Sequel, 1962–1974, 1975. – Dazu Rez. v. H. FAST MGBl 1976, 112–115. – N. P. SPRINGER: MQR Cumulative Index Books Reviewed. Oct. 1966, Oct. 1976. – QGT. – QGTS I Zürich, hg. v. L. v. MURALT u. W. SCHMID, 1952 (ZTA). II Ostschweiz hg. v. H. FAST, 1973. – IV Drei Täufergespräche in Bern u. im Aargau, hg. v. M. HAAS, 1974. – B. JENNY (Hg.): Das Schleitheimer Täuferbekenntnis 1527, 1951. – H. FAST (Hg.): Der linke Flügel d. Ref., Glaubenszeugnisse ... 1962. – ZWINGLI: Z II Nrn. 21. 28. III Nrn. 42. 50. IV Nrn. 54. 56. 61. 68. V Nrn. 87. 102. VI/I Nrn. 108. 123. VIII Nr. 524. – *Allgemein:* H. FAST: Hch. Bullinger u. d. Täufer, 1959. – J. F. G. GOETERS: Art. „Wiedertäufer" EKL III 1959 (Lit.). – G. H. WILLIAMS: The Radical Reformation, 1962. – *Zürich:* E. EGLI: Die Zürcher Wiedertäufer zur Reformationszeit, 1878. – F. BLANKE: Brüder in Christo, 1955 (Lit.). – J. H. YODER: The turning Point in the Zwinglian Reformation, MQR 1961. – DERS.: Täufertum u. Ref. in d. Schweiz, I: Die Gespräche zwischen Täufern u. Reformatoren 1523–38, 1962. – DERS.: The Evolution of the Zwinglian Reformation, MQR 1969. – R. C. WALTON: Zwingli's Theocracy, 1967. – DERS.: The Institutionalization of the Reformation at Zurich, Zwa XIII/8, 1972/2. – J. F. G. GOETERS: Die Vorgeschichte d. Täufertums in Zürich, in Fs E. Bizer, 1969. – P. J. KLASSEN: Zwingli and the Zurich Anabaptists, in Fs E. Staehelin 1969. – M. BRECHT: Herkunft u. Eigenart d. Zürcher Täufer, ARG 1973. – H. J. GOERTZ (Hg.): Umstrittenes Täufertum 1525–1975, 1975. Darin u. a.: J. M. STAYER: Die Anfänge d. schweiz. Täufertums im reform. Kongregationalismus; u. M. HAAS: Der Weg d. Täufer in d. Absonderung. – M. LIENHARD (Ed.): The Origins and Characteristics of Anabaptism, 1977. Darin u. a.: K. R. DAVIS: The Origins of Anabaptism; u. P. P. PEACHEY: The radical Reformation, political pluralism, and the corpus christianum. – C. P. CLASEN: The Anabaptists in South and Central Germany, Switzerland and Austria. A statistical Study, MQR 1978, 5–38. (Zahlen. Minderheiten!). – *Schweiz:* E. EGLI: Die St. Galler Täufer, 1878. – E. MUELLER: Gesch. d. Bernischen Täufer, 1895. – P. BURCKHARDT: Die Basler Täufer, 1898. – C. A. BAECHTOLD: Die Schaffhauser Wiedertäufer ..., 1900. – J. HORSCH: The Swiss Brethren MQR 1930. – DERS.: An Inquiry into the Truth of Accusations ... MQR 1934. – H. W. SCHRAEPLER: Die rechtliche Behandlung ... 1957. – H. FAST: Die Sonderstellung d. Täufer in St. Gallen u. Appenzell, Zwa XI/4 1960. – M. HAAS: Täufertum u. Revolution, in Fs L. v. MURALT 1970. – *Einzelne:* H. BARGE: Karlstadt, 1905. – W. NEUSER d. Ae.: Hans Hut, 1913. – H. S. BENDER: Conrad Grebel, 1950. – P. PEACHY: Die soziale Herkunft d. Schw. Täufer ..., 1954. – J. A. MOORE: Der starke Jörg (Blaurock), 1955. – J. F. G. GOETERS: L. Hätzer, 1957. – G. BOSSERT jr.: M. Sattler, MGBl 1957. – J. J. KIEWIT: P. Marbeck 2. A. 1958. – DERS.: H. Denck MQR 1957. – E. KRAJEWSKI: F. Manz, 1957. – T. BERGSTEN: B. Hubmaier, 1961. – W. ELLIGER: Thomas Müntzer, 1975. – H. J. GOERTZ (Hg.): Radikale Reformatoren (21 Biographien), 1978. – *Theologie:* J. HORSCH: The Faith of the Swiss Brethren, MQR 1930/31. – B. JENNY: Das Schleitheimer Täuferbekenntnis, 1951. – H. FAST: The Dependence of the First Anabaptists on Luther, Erasmus and Zwingli, MQR 1956. – F. BLANKE: Täufertum u. Ref., in Blanke Ref. 1960. – H. J. HILLERBRAND: Die polit. Ethik d. oberdeutschen Täufertums, 1962. – F. H. LITTELL: The Anabaptist View of the Church, ²1958. – H. J. GOERTZ: Die Taufe im Täufertum, MGBl 1970. – R. FRIEDMANN: The Theology of Anabaptism, 1973. – J. M. STAYER: Anabaptists and the Sword, New Edition, including „Reflections and Retractions", 1976. – K. R. DAVIS: Anabaptism and Ascetism, 1974 (medieval traditions!). – CHR. WINDHORST: Täuferisches Taufverständnis (Hubmaier), 1976. – J. A. OOSTERBAAN: The Reformation of the Reformation ... MQR 1977. – W. KLAASSEN: The Anabaptist understanding of the separation of the Church, ChH 1977. –

V. Die Täufer

1. Die Ursprünge 1523–1525

Im Bereich der Zürcher Reformation sind die ersten Freiwilligkeits- und Bekenntnisgemeinden entstanden[1], und zwar aus Kreisen besonders eifriger Anhänger. Verschiedene Tendenzen waren wirksam; zu biblizistischen Bestrebungen kamen sozialrevolutionäre Forderungen, doch blieben die ideologischen Verbindungen zur Bauernbewegung spärlich. Seit Frühjahr 1522 hielten der Chorherrensohn *Felix Manz* und der Bücherverträger Andreas Castelberger häusliche Bibelstunden[2]. Diese Kreise brachen den Fastenstreit vom Zaun und rückten durch Zerstörung der „Götzen" die Bilderfrage in den Vordergrund, was die Einführung des Abendmahls verzögerte. Die Tauffrage stand anfangs nicht im Mittelpunkt. Vielmehr stellte Zwingli selbst vorübergehend unter Freunden die Berechtigung der Kindertaufe zur Diskussion[3]. Der erste offene Zwist brach Ende Oktober 1523 während der Zweiten Disputation aus: der Ratsherrensohn Konrad Grebel, mit seinem konservativen Vater Jakob längst überworfen, verlangte die sofortige Einführung eines genau neutestamentlichen Abendmahls. Auf Zwinglis Bescheid, das Wann und Wie der Reform beschließe der Rat, bestritt Pfarrer *Simon Stumpf* dessen kirchliche Kompetenz[4]. Es bleibt bezeichnend, daß sich die Radikalen nun doch wieder an Zwingli und Jud wandten, und zwar mit dem Vorschlag einer christlichen Parteibildung und Machtergreifung[5]. Erst nach deren Weigerung[6] vertiefte sich ihre Zielsetzung zum Ideal der reinen Gemeinde. Doch traten zugleich die Unterschiede nach Herkunft und Interessen hervor. Die Stadtbürger *Grebel* und *Manz* traten als Biblizisten den Rückzug nach innen, den Weg der „kleinen Herde" an. Auf dem Land aber war das Zehntenproblem aktuell. Mit den kirchlichen Gnadenspenden, so verbreiteten es *Stumpf* und *Reubli*, fällt auch die Legitimation des Zehnten. Das bedeutete freie Pfarrwahl und Autonomie der Gemeinden. Das war ein „kongregationalistischer" Vorstoß nach außen. In Höngg und Grüningen hat er sich kräftig, in Waldshut gewaltsam manifestiert. Der Magistrat hingegen konnte mit seinen Reformen nur zentralistisch vorgehen. Stumpf, der Müntzersche Töne anschlug[7], wurde noch im Dezember 1523 ausgewiesen[8]. Zwingli selbst vertraute die Zehnten im Hinblick auf die Gesamtkirche der Obrigkeit an.

Bedeutsam war der Kontakt mit den von Wittenberg Ausgestoßenen. Etwa im Oktober 1524 war *Karlstadt* in Zürich, ohne Zwingli aufzusuchen; im gleichen Herbst haben Manz und Grebel bei Schaffhausen *Müntzer* getroffen. Das *Sendschreiben*[9] Grebels an Müntzer vom 5. September 1524 mahnt diesen mit Ernst von Gewaltanwendung ab. Die Glaubenstaufe ist das Kennzeichen der reinen, weltabgewandten kleinen Schar, die zum Blutzeugnis bereit ist. Die Reformatoren „hie und die zu Wittenberg" fallen täglich in tiefere Verblendung.

---

1 Die ältere Forschung vermutete das Aufleben mittelalterlicher Sekten. – Die jahrhundertelange Herleitung der Schweizer Täufer von Thomas Münzer geht auf BULLINGER zurück: Der Widertoeufferen ursprung, 1560; Bull. I 237. – J.M. STAYER: The Swiss Brethren ... ChH 1978, 174–195; deutsch MGBl 1977, 7–34. – In teilweise korrigierender Ergänzung der Forschung Blankes und Benders hat STAYER die von Anfang an bestehenden beiden Richtungen unter den Radikalen unterschieden; wir schließen uns im folgenden seiner Sicht an. – 2 ZTA Nr. 397. 398. – 3 Sogar auf der Kanzel? ZTA Nr. 43, p 53; Nr. 84; Nr. 179, p 195. Z IV 228. – 4 Z II 783f. 789–791. – 5 ZTA Nr. 120. 124. Z VI/133. – 6 Z IV 206,7ff. – VI/135 f. – 7 „Alle Pfaffen ze totschlan" ZTA Nr. 120. – 8 EAk Nr. 463. – 9 ZTA Nr. 14. – 10 Z VI/137ff. ZTA Nr. 16. – 11 Z III 404. 406f. 409. –

Die vom Rat anberaumten „Dienstgespräche"[10] der Leutpriester mit den Leitern des Kreises um Grebel (Dezember 1524) wurden, weil erfolglos, bald aufgegeben. Desgleichen verhallte die inständige Mahnung in Zwinglis *Aufruhrschrift*, um der Reformation willen die „äußerlichen" Fragen um Taufe, Zucht und Obrigkeit einstweilen zurückzustellen[11], ungehört. Diese Dinge waren in Felix Manz' ausführlicher *Protestation*[12] gerade lebenswichtig. Er werde Zwingli widerlegen. Daß Manz hier den Rat noch einmal wollte entscheiden lassen, zeigt, wie schwer sich auch die Radikalen zur freikirchlichen Vorstellung durchrangen.

In der „*Disputation*"[13] vor dem Rat am 17. Januar 1525 ließen sie nur die begehrte Taufe als Zeichen des neuen Lebens gelten. Zwinglis Antwort wiederholte sein Büchlein Von der Taufe[14]. Der Rat bestätigte am 18. Januar 1525 die Taufpflicht an allen Kindern in den ersten acht Tagen, bei Strafe der Verbannung; am 21. Januar verfügte er Redeverbot für Grebel und Manz, Versammlungsverbot für die Gegner der Kindertaufe und Ausweisung der Nichtzürcher Reubli, Brötli, Hätzer und Castelberger[15]. Man bedenke dabei die gespannte innere und äußere Situation der Stadt. Doch am Abend dieses Tages taufte Grebel in Manz' Haus nach Gebet Jörg Blaurock, dieser die übrigen Anwesenden. In der folgenden Woche ließen sich in *Zollikon* 35 „Brüder" taufen[16].

2. Die erste Gemeinde 1525[17]

In dem unruhigen Dorf Zollikon wohnte der ehemalige Priester *Hans Brötli*. Vom 22.–29. Januar 1525 fanden täglich in verschiedenen Häusern Bibelstunden statt, in denen es zu Sündenbekenntnissen kam. Wer „die Gnade begehrte", wurde nach einem schlichten Wechselgespräch mit einem Schöpflöffel getauft. Der Sinn der Taufe war: „Zeichen neuen Lebens"; der des Abendmahls: „an Christus denken", „brüderliche Liebe zeigen". Es gab Ansätze kommunistischen Verhaltens, sogar entsprechende Zumutungen, aber noch keine apokalyptische Stimmung. Hier war aus Zwinglis Verkündigung eine Erweckungsbewegung entstanden, die sich gegen ihn kehrte. Führend wurde „*Blaurock*"[18]. Der Bauernsohn Jörg Cajakob, aus Bonaduz in Graubünden, hatte sich als Priester in Trins 1523 Zwingli angeschlossen. Seit Januar 1525 hat er mit seiner Dynamik die Zolliker Gemeinde erst gesammelt, dann zerstört. Im Sonntagsgottesdienst des 29. Januar wollte er die Kanzel usurpieren[19], was am Unwillen der Gemeinde scheiterte. Anderntags wurden Blaurock, Manz und 25 Neugetaufte in (gelinde) Haft genommen.

3. Ausbreitung 1525/26

Bereits nach neun Tagen wurden sie gegen Urfehde entlassen. Der Rat gestattete kleine Bibelkreise, und Zwingli zeigte die Gottesdienstreform an. Aber Blaurock und andere fuhren fort. Im Juni zog eine apokalyptische Prozession mit Weherufen durch Zürich; der Rat duldete sie[20]. Doch im August sah er sich veranlaßt, die

---

[12] ZTA Nr. 16; Z III 368ff. Zur Verfasserschaft: W. SCHMID Zwa IX 139ff. (1950). – [13] ZTA Nr. 22. – [14] Z IV 188ff. Bull. I 238. – [15] ZTA Nr. 24. Nr. 26. – [16] BLANKE, Brüder, 48. – [17] BLANKE, Brüder, 1955. – [18] MOORE, 1955. – [19] Bisher zwinglianische Praxis. H. FAST bei GOERTZ 79–110. – [20] ZTA Nr. 74. – [21] ZTA Nr. 101. – [22] BERGSTEN, 1961.

Hauskreise zu verbieten[21], wodurch sich die erste freie Gemeinde auflöste. Aber längst hatten sich in der Ostschweiz und in Süddeutschland zahlreiche Gruppen gebildet. Ihr theologischer Wortführer wurde Balthasar Hubmaier[22] aus Friedberg bei Augsburg, ehemals Professor in Ingolstadt, seit 1521 Pfarrer und seit 1523 (zwinglischer) Reformator in *Waldshut*. Zürich, selbst isoliert, konnte der kleinen Stadt gegen Österreich nicht helfen. Während der Belagerung ließ Hubmaier sich um Ostern 1525 von Reubli taufen; nun leitete er eine große Täufergemeinde. Im Unterschied zu den meisten Schweizer Täufern lehnte er aber weder den Zehnten noch den Waffendienst ab. Seine Streitschrift „Vom christlichen Tauf der Gläubigen" (Juli 1525) zwang Zwingli zur „Antwort an B.H."[23]. Sie enthält seine Voten an einer dritten *Täuferdisputation*[24], zu welcher der Rat freies Geleit gegeben hatte. Die anschließende verschärfte Behandlung der Täufer war auch durch erste Entartungserscheinungen bedingt. Hubmaier zog nach Nikolausburg in Mähren.

In *St. Gallen* hielt der ehemalige Mönch Wolfgang *Schorant* (Molimann) seit Herbst 1524 Konventikel; im Februar 1525 ließ er sich im Rhein taufen (erste Untertauchungstaufe). Unter mächtigem Zulauf wirkten auch *Conrad Grebel* und *Hippolyt (Bolt) Eberle;* dieser, ausgewiesen, wurde in Schwyz verbrannt. Als der Rat nach der Disputation vom 6. Juni 1525 Verbote erließ, schmolz die Schar zusammen. Besonders in St. Gallen und Appenzell mehrten sich seit 1525 enthusiastische Erscheinungen wie Glossolalie und Extase; auch manische und sexuelle Schwärmereien brachen aus, unter Berufung auf die Gotteskindschaft[25]. In Stadt und Landschaft *Basel*[26] erreichte das Täufertum gebildete Schichten. Die tiefsten Wurzeln schlug es im *Gebiet Berns*[27], besonders im Aargau und im Emmental. Allmählich erregten die Exzesse Aufsehen, namentlich derjenige vom 2. Februar 1526, da der sonst ruhige Thomas Schugger in St. Gallen im Wahnzustand seinem Bruder Lienhard „nach Gottes Willen" das Haupt abschlug[28]. Auch in der *Landschaft Zürichs* lebte die Bewegung trotz Bußen und Verbrennungen wieder auf. Erst im März 1526 fiel ein hartes Urteil[29]: lebenslanges Gefängnis für Grebel, Manz, Blaurock und 15 andere. Ein Mandat kündete für die Zukunft bei Rückfall den Tod durch Ertrinken an, denn die Täufer „erscheinen gemeinem Regiment ... zu Nachteil und zu Zerstörung gemeinen Nutzens ... ungehorsam". Noch einmal wurden die Gefangenen entlassen. Nach einem Jahr weiterer Umtriebe wurde die Drohung im November 1526 wiederholt[30].

Im August 1526 war Konrad Grebel in Maienfeld (Grb.) an der Pest gestorben. Ende 1526 legte man die Tauf- und Ehe-*Register* an[31].

4. Der Zugriff. 1527

Die Räte spätmittelalterlicher Gemeinwesen, in denen jeder gesunde Mann in obrigkeitlichem Auftrag genossenschaftliche Funktionen wahrzunehmen hatte, müssen vor der Bewegung unpolitischer Abwendung von Angst befallen worden sein. Im fünften Jahr der Schwierigkeiten, am 7. Januar 1527, wurde *Felix Manz* wegen Bruchs der Urfehde in der Limmat ertränkt. Seine Glaubensstärke blieb

---

WINDHORST, 1976. – **23** Z IV 577 ff. – **24** Yoder 73–79. **25** KESSLER, Sabbata 151 ff. 162 ff. PEADEY. – **26** M. MATTMUELLER, Die Basler Täufer, Zwa 1967/1 (Lit.). – **27** J. STAEDTKE ThZ 1955, 75–78 (Lit.) H. FAST MQR 1976. – **28** W. KOEHLER Z VI/117f. F. BLANKE ib. 89–96. – **29** ZTA Nr. 170a. – **30** ZTA Nr. 192. – **31** ZTA Nr. 183. – **32** Bull. I 382. ZTA

ergreifend[32]. Blaurock, als Auswärtiger nicht hingerichtet, wurde aus der Stadt gepeitscht[33]. Obrigkeitliche Korrespondenzen mit andern Städten stimmten jetzt das Vorgehen ab; aber auch Fürsprachen kamen vor.

5. Ausbreitung und Verfolgung 1527–1530

Neben der spontanen betrieben die Täufer eine planmäßige Mission durch Zweier- oder Dreiermannschaften. Gelegentliche Verflechtungen mit der Bauernbewegung schützte sie; im 16. Jahrhundert ging verwandtschaftliche Loyalität der obrigkeitlichen vor. Bis 1532 gab es auf Zürcher Gebiet fünf Todesurteile. Auch anderwärts wußte man keinen andern Rat. Melanchthon und Luther empfahlen die Hinrichtung als Unruhestifter[34]. Kaiser, Schwäbischer Bund und Speyrer Reichstag 1528 und 1529 erklärten *alle* Anhänger der Wiedertaufe, nicht nur die Prediger, des Todes schuldig, was in Süddeutschland und Österreich grausam befolgt wurde.

6. Täuferische Theologie[35]. Die Schleitheimer Artikel[36]

1. Der Ausgang der „Schweizer Brüder" aus Zwinglis Reformation ist bis in den Wortlaut ihrer Aussagen spürbar. Die Versöhnung durch das Kreuz im Zentrum, die Abwendung von der Herrschaft des Kreatürlichen zum Verfügungsrecht Christi, der Glaube als reine Geistesgabe, der Zeichencharakter der Sakramente und vieles andere stammt dorther – sogar der Gedanke der Erwachsenentaufe[37]. Um so heftiger dann der persönliche Bruch mit den Reformatoren; sie sind „Diebe und Mörder", „Verführer wie der Papst"[38]. Aus Zwinglis reformatorischer Predigt erwuchs hier eine Erweckungsbewegung, die in manchen Zügen den Pietismus vorwegnahm.

2. Die *Taufe* setzt die „inwendige Taufe" voraus und leitet das neue Leben ein, das die einfachen Verhörten lebensnah schildern. Die Brüder stehen von Lastern ab, üben gegenseitige Zucht (Mt. 18), halten sich an die Vorschriften des Neuen Testaments in Bruderliebe, Eidesverweigerung, Form von Abendmahl und Taufe, ja wörtlicher Erfüllung der Bergpredigt. Verbannung und Verfolgung erleben sie als Nachfolger Christi. Ein gewisser perfektionistischer Stolz[39] und Ansätze zu Gütergemeinschaft[40] lassen sich erkennen. Zu allem gehört die Abstinenz vom politischen Leben, gipfelnd in der These, ein Christ könne keiner Obrigkeit angehören, weil diese das Schwert führe. Die Gemeinde ist himmlischen Wesens und lebt nur äußerlich auf Erden[41].

Nr. 201/202. Gegen die Editoren halte ich das Lied für ursprünglich. Der „Brief" ist eine (spätbezeugte) Prosafassung des Liedes in der Sprache des 18. Jh. – 33 ZTA Nr. 205. – 34 G. Kisch: Melanchthons Rechtslehre, 1967. – 35 K. Grebel c.s.: An Müntzer, 1524, ZTA Nr. 14. – Ders.: Excerpte aus Libellus Confutationis, 1526 (verloren) Z VI/1 30–103. – F. Manz: Protestation ..., Ende 1524, ZTA Nr. 16; Z III 368ff. – Ders.: Lied auf dem Todesgang, vor 5. Jan. 1527, ZTA Nr. 202. – J. Falk, H. Reimann: Eingabe der Grüninger Täufer, Juni 1527, ZTA Nr. 212, Nr. 213. Z VI/1 554. – Dies.: Eine (verlorene) Schrift, Sommer 1528; Inhalt in: Zwinglis Entwurf einer Entgegnung Z VI/1 545–560. – 36 Ed. B. Jenny; Ed. H. Fast QGT Ostschweiz Nr. 26. – 37 S. o. Anm. 3. – 38 ZTA Nr. 14. Nr. 63. Nr. 123. Nr. 170. – 39 Z. B. ZTA Nr. 198. Nr. 212. – 40 ZTA Nr. 120 (trotz ZTA Nr. 200) Z IV 172,9ff. – ZTA Nr. 162. Nr. 39. – 41 Schl. Art. Jenny p 15. ZTA Nr. 182. – 42 Hand-

Naherwartung und Sonderlehren wie die vom Seelenschlaf und von der Wiederbringung Aller scheinen nicht allgemein gewesen zu sein. Hingegen dürfte wie in allen Märtyrerkirchen der Geistbesitz und die Beharrung der Gläubigen zum Bewußtsein gehört haben.

3. Zu *schwärmerischen Exzessen* gehören u. E. nicht die im Stil von Apg. 5 tradierten Ausbrüche aus Gefängnissen, nicht Blaurocks Visionen, auch nicht Glossolalie, Krämpfe und Ohnmachtsanfälle. Hingegen gehen der St. Galler Frevel und eine Reihe sittlicher Entgleisungen ins Pathologische, was in der Religionsgeschichte viele Parallelen hat, wenn heiliger Enthusiasmus in ungezügelte Emotionen umschlägt. In tiefe Nöte lassen die zahlreichen Fälle blicken, wo eine bekehrte Hausmutter ihre „weltliche" Familie verließ, um sich anderwärts der wahren Gemeinde anzuschließen.

4. Am 24. Februar 1527 hielten eine Reihe der Leiter der Schweizer Täuferbewegung beim Schaffhauserischen Dorf *Schleitheim*[42] eine *Synode* ab, die unter der Leitung Michael Sattlers[43] aus Staufen im Breisgau stand. Die *Schleitheimer Artikel* sind keine Confessio, sondern eine innertäuferische Einigung über strittige Themen. Das Vorwort fordert die Absonderung der Gotteskinder von der Welt, auch von solchen Brüdern, die unter dem Vorwand geistlicher Freiheit ihren Lüsten leben. Die Vereinbarung bestimmt in sieben Abschnitten: Die Taufe darf nur den zum neuen Leben Erstandenen erteilt werden. Der Bann ist eine Ermahnung durch die Gesamtgemeinde. Am „Brotbrechen" („zum Gedächtnis") nehmen nur getaufte Glieder teil. Die Absonderung ist strickt durchzuhalten, kirchlich und bürgerlich. Der Hirt übt und erfährt Aufsicht. Die Gemeinde verhält ihn. Bei Vertreibung ist er sofort zu ersetzen. Schwertgewalt, Obrigkeit und Eid sind Gottesordnungen „usserhalb der volkumenheit Christi"; Christen leben geistlich und beteiligen sich nicht daran. Wer künftig dieser Vereinbarung zuwiderhandelt, „sundet wissentlich".

In ihrer biblischen Konzentration bilden die Artikel ein imponierendes Dokument. Nach Zwingli[44] hat auch Calvin[45] eine Widerlegung für notwendig gehalten.

Vermutlich hat diese Schleitheimer Synode nach den Erfahrungen in Grüningen und Waldshut innerhalb der Schweizer Brüder die politisch-kongregationalistische Richtung überwunden. Mit Manz, Sattler (und Menno) hielten sie nun den Weg ihrer apolitischen Freiheit ein.

7. Aus Zwinglis Entgegnungen

Mehrfach wiederholt Zwingli 1. Joh. 2, 10: „Sie sind von uns ausgegangen, aber sie waren nicht die Unsrigen"[46]. Die Trennung fiel ihm schwer[47].

Denn es war auch ihm „eine Freude", daß die Täufer „in Christus Jesus, den gekreuzigten, glauben"[48]. Aber wie können sie dann den Taufvollzug zu einer Bekenntnisfrage machen[49]? Die eigentlichen Differenzen liegen, so Zwingli, in der sektiererischen Separation[50] der reinen Gemeinde von der Kirche und im Rückzug aus der Gesellschaft[51]. Beides spiegelt einen Mangel an biblischer Einsicht in die

---

schriften und Dialekt „Schlaten". („Schlatt" war Irrtum). – 43 Z VI/I 103–106. – 44 Z VI/I 103–155. – 45 Calv. Opp. (CR) VII 45–142. – 46 Z IV 208, 24. VI/I 47, 8. – 47 Z VIII 332, 4. 542, 9 ff. – 48 Z VI/I 560, 1. – 49 Z III 411, 15 f. IV 216, 20. 217, 28 f. 222, 19 f. – 50 Z IV 206, f 383–385. VI/I 557. – 51 Z III 404. IV 383. 389. 592. –

Macht des Bösen[52]. Die Kindertaufe ist im Neuen Testament weder geboten noch verboten[53]; für ihr Recht sprechen u. a. die Texte vom „ganzen Haus"[54] und ihr Charakter als Bundeszeichen (Röm. 4, 1. Kor. 10, Kol. 2)[55]. Die Taufe bezeugt den „Glauben", nicht die Gläubigkeit[56].

Hier liegt das Kernproblem. Der Reformator betont gegenüber der entweltlichten Existenz der „kleinen Herde" die heilsgeschichtlichen Kategorien der Erwählung und des Bundes[57] und die Verantwortung der Kirche für die Welt[58].

8. Ausbreitung und Verfolgung 1530–32 und nachher[59]

Die Täuferverfolgungen waren unpopulär und jede Verurteilung für Staat und Kirche eine Verlegenheit. Darum die oft wiederholten *Disputationen*. Die Themen waren meistens etwa: Geist und Schrift, Kirche und Absonderung, Amt, Taufe, Eid, Gütergemeinschaft, Weltentsagung. Die Täufer erwarben Gewandtheit, betonten Übereinstimmungen und vermieden die Erörterung extremer Sonderlehren. Aber die Theologen entwickelten ein methodisches Schema, das ihnen eine äußerliche Überlegenheit sicherte[60].

Nach einem Gespräch mit Pfistermeier in Bremgarten gab *Bullinger* 1531 sein Buch Vom Frävel heraus, das Zwinglisches Gedankengut handlich popularisierte; die erste umfassende Bestreitung auf deutsch. Die Argumentation[61]: „Christen anerkennen ihre Unvollkommenheit und unterziehen sich deshalb in einem Kompromiss der Obrigkeit. Richtschnur bleiben dabei Glaube und Liebe. An dieser Richtschnur stehen Altes und Neues Testament auf einer Ebene." Sowie sich die Täufer auf diese Schlußfolgerungen einließen, erschienen sie als unterlegen.

So steigerten die zahlreichen „Gespräche" die Verbitterung, zumal wenn Vertreter der Kirche, die Frömmigkeit der Täufer anerkennend, sich um Versöhnung bemühten, nachträglich aber durch verschärfte Maßnahmen der ungeduldigen Magistrate desavouiert wurden. Im Bernbiet setzten die verhaßten sporadischen „Täuferjagden" ein.

Von den führenden Gestalten starben bereits zwischen 1527 und 1529 im Ausland an verschiedenen Orten: Sattler, Brötli, Hubmaier, Blaurock auf dem Scheiterhaufen, Hätzer auf dem Schaffott. Stumpfs Spur verliert sich; Reubli starb vereinsamt in Mähren. Doch die „Schweizer Brüder" hielten sich sowohl in der Heimat als auch später im Jura, in der Pfalz, den Niederlanden und in Pennsylvanien.

---

52 Z VII 402. VI/I 122–126. 131. 139. – 53 Z III 409. – 54 Z III 410f. IV 312. –55 Z III 410. IV 292–295. 326–331. 333. 625. 632. 636. – 56 Z IV 621. 627. 632. – 57 Z VI/I 155–172. – 58 Z III 403–412. IV 334. VI/I 35f. 125. 139–141. – 59 T. J. van Bracht: ... Märtyrerspiegel. (Holländisch 1660; deutsch zuletzt 1950). H. Fast: Hch. Bullinger und die Täufer, 1959. H. Bullinger: Von dem ... frävel ... 1531. Ders.: Der Widertoeufferei ursprung, fürgang ... 1560. Yoder. – 60 Yoder 129ff. – 61 Yoder 133.

VI. Bedrohung, Verteidigung, Vertiefung, Ausbau 1525–1528/30

H. ESCHER: Die Glaubensparteien in der Eidgenossenschaft ... 1882. – E. EGLI: Zwingli und die Synoden. Anal. ref. I, 1899, 80–98. – W. OECHSLI: Zwingli als Staatsmann. UZ, 1919, 131f. – L.v. MURALT: Die Badener Disputation, 1926. – E. STAEHELIN: Das theologische Lebenswerk Oekolampads, 1939. – R. LEY: Kirchenzucht bei Zwingli, 1948. – M. HAAS: Zwingli und der Erste Kappelerkrieg, 1965. – W. JAKOB: Politische Führungsschicht und Reformation ... in Zürich, 1970. – W. BENDER: Zwinglis Reformationsbündnisse, 1970. – P.H. HUBER: Annahme und Durchführung der Reformation auf der Zürcher Landschaft ... 1519 bis 1530, 1972. – R.C. WALTON: The Institutionalization of the Reformation at Zürich. Zwa 1972/2, 497–515. – B. MOELLER: Die Ursprünge der reformierten Kirche, ThLZ 100, 1975, 641–653.

1. Opposition

Das Bewußtsein der Isolierung begann in Zürich jene Mehrheit zu beunruhigen, die sich bisher passiv von der Reformationsbewegung hatte mittragen lassen. Die entschieden Evangelischen bildeten eine klare Minderheit[1]. Ebenfalls in Minderheit befand sich die Opposition; doch bildete diese eine durch Stellung, Beziehung und Mittel mächtige Gruppe. Hier vermittelte man einander auch weiterhin die fremden Gelder, obwohl alle Bürger jedes halbe Jahr den „Pensionsbrief" beschworen, der darauf die Todesstrafe setzte. Nach der Badener Disputation witterte man Morgenluft. Dem konspirativen Treiben wurde erst durch einen Prozeß[2] Einhalt geboten, der zutage förderte, daß mindestens elf Aristokraten erhebliche Summen eingestrichen hatten. Trotzdem traf das Todesurteil nur den angesehenen Junker *Jakob Grebel*[3]; er war der Obmann des Ausschusses, der die Einhaltung des Pensionenbriefes überwachen sollte, hatte aber selbst von Frankreich, Kaiser und Papst hohe Summen bezogen. Es herrschte Unbehagen über die rasch vollzogene (30. Okt. 1526) Hinrichtung, doch hätte, nachdem in den letzten Jahren „kleinere" Übertreter die Todesstrafe erlitten hatten, eine Verschonung noch mehr Unmut erweckt.

Kirchlich hatten die Altgläubigen bereits Ostern 1525 die Wiedereinführung der täglichen Messe wenigstens in einer Stadtkirche verlangt[4]. In den nächsten Jahren folgten mehrere entsprechende Interventionen der vermittelnden Städte, welche die endgültige Spaltung zu verhindern suchten[5]. Ein Nachgeben Zürichs hätte die Bewegung in der ganzen Schweiz gelähmt. Der Rat lehnte ab und förderte damit die Reformation in Bern. Bern verweigerte seine Stimme dem Ausschluß Zürichs aus der Eidgenossenschaft[6].

Inmitten der wachsenden Feindschaft ist Zwinglis Schriftwechsel mit *Valentin Compar* im Ton gegenseitiger Sympathie gehalten. Der ehemalige Landschreiber von Uri las seiner Landsgemeinde eine Abhandlung über „Evangelium", Bilder, Tradition und Fegfeuer vor. Zwinglis Antwort[7] setzt mit Wilhelm Tell ein, beruft sich auf „Bruder Claus"[8] und ist mit theologisch und volkskundlich originellen

---

[1] Joh. Stumpf, mitg. bei L. WEISZ, Zürich nach Kappel, ZSKG 1938, 276f. – [2] Anders als wir urteilt: L. SCHELBERT: Jacob Grebel's trial revised. ARG 1969, 32–64, (Lit.). – [3] Ca. 1460–1526. Vater des Täufers Konrad Grebel. „Für seinen Sohn" erhaltene Gelder hatte er noch kürzlich unterschlagen. – [4] Wyss 63. Bull. I 264. – [5] Bull. I 292ff. EA IV/1a 777f. 798. 806. 815. Z VIII 447 Anm. 2. – [6] Bull. I 303. EA IV/1a 814. 829. 833. – [7] Z IV 35–159. – [8] „Landesvater" Nikolaus von der Flüe aus Obwalden, 1417–1487, Einsiedler, Mystiker, erst 1947 heiliggesprochen. – [9] Z IV 66. – [10] v. MURALT 1926.

Abschnitten geladen. Den hermeneutischen Zirkel erläutert sie lebensnah: für die Auslegung der Schrift ist der Glaube so zuständig wie ein alter Landamman bei Unklarheiten im geschriebenen Landrecht[9].

2. Die Badener Disputation[10]

1. Die Fünf Orte erstrebten den Ausschluß des „Vororts" aus der Eidgenossenschaft, was eine wirksame Abschreckung der evangelischen Bewegung in den übrigen Ständen und die völlige Handlungsfreiheit bei ihrer Unterdrückung in den Gemeinen Herrschaften bewirkt hätte. Die Städte suchten nach beiden Seiten zu dämpfen und zu vermitteln. Da Zürich die Kompetenz der Tagsatzung in Religionsfragen bestritt, hielt es sich von den diesbezüglichen Verhandlungen fern. Aber auf diplomatische Anregung[11] von *D Johannes Eck* und Generalvikar *Johannes Faber* beschloß die Tagsatzung eine Disputation, die für das weitere Vorgehen die propagandistische und rechtliche Grundlage schaffen sollte. Aufgrund der Erfahrungen mit den Stammheimern und neuerlicher Drohungen und Warnungen verbot der Zürcher Rat Zwingli die Reise[12]. Dem Bischof versprach die Tagsatzung, alle Ketzerei zu unterdrücken. Aber bezeichnenderweise etablierten sich die Herren Abgeordneten selbst als Richter. Die *Disputation* zu *Baden* im Aargau dauerte vom 19. Mai bis 9. Juni 1526. Den mit Pomp auftretenden ca. 100 Vertretern der Bischöfe, der Äbte und des Klerus aus der Schweiz und dem Ausland unter Führung *Ecks* und Fabers standen *Oekolampad* aus Basel und *Haller* aus Bern mit der respektablen Gruppe von 31 Evangelischen gegenüber. Jeder Tag begann mit einer Messe; die evangelische Predigt war verboten. Das Präsidium gab sich betont parteiisch, das Mitschreiben war außer den bestellten Notaren bei Todesstrafe verboten, der öffentliche Druck hart. Trotzdem funktionierte Zwinglis geheime Verbindung mit Oekolampad reibungslos[13]. Nach allgemeinem Urteil machten Oekolampads Ernst und Gelehrsamkeit tieferen Eindruck als Ecks theatralisches Gehaben[14]. Die Debatte folgte sieben Thesen Ecks, die er am 19. Mai an der Kirchentür angeschlagen hatte. Im erst nach Monaten formulierten *Beschluß*[15] konstatierten neun Orte: Zwingli und sein Anhang sind widerlegt und als im schweren Bann befindlich zu halten, denn dieselbe verkehrte Lehre Luthers ist durch die Bulle Leos X. und das Edikt Karls V. verworfen. Die Bibel ist wie bei den anerkannten Kirchenlehrern auszulegen. Die Kult- und Fastenordnungen bleiben unantastbar. Kein Buch darf ohne Zensur gedruckt werden. Der Vertrieb von Luther- und Zwinglischriften ist bei schwerer Strafe verboten.

Der Beschluß von Baden applizierte den des *Regensburger Konventes* (1524) zur Durchführung des Wormser Edikts auf die Eidgenossenschaft[16]. Er erstrebte die allgemeine Ächtung Zwinglis und die Verdammung der Reformation.

Doch Basel, Bern und Schaffhausen waren nicht mehr in der Lage, ihre Unterschrift zu geben. Außerdem reizte die Siegesstimmung der Länder die Reaktion der Städte. Hinzu kam die Verzögerung der Publikation der Akten in Murners Luzerner Druckerei und die Verweigerung der Einsicht in die Originale – für die Städte zugleich Beleidigung wie Grund zu Verdacht und Spott. So hat „Baden" im Effekt zum Durchbruch der Reformation in Bern beigetragen[17].

Escher 1882. WK I 326–354, E. Staehelin 332–347. – 11 Z IV 746. – 12 Z VIII 548. V 21. 125. Bull. I 342f. Strickler Nr. 1410. – 13 Thomas Platter schmuggelte als Hühnerhändler die Briefe durchs Stadttor. A. Hartmann (Hg.): Th. Platters Lebensbeschreibung, 1944, 70–74. – 14 Bull. I 353. 357. – 15 EA IV/1a 935 ff. BRZ Nr. 207. – 16 v. Muralt 151. – 17 So bereits Zwingli an Konrad Sam in Ulm Z VIII 633,2f. – 18 Z III 539–583.

VI. Bedrohung, Verteidigung, Vertiefung, Ausbau 1525–28/30   J 45

3. Der Feldzugsplan [18]

Nach der Koordination der Maßnahmen der Fünf Orte mit denjenigen Österreichs und des Regensburger Konvents mußte das eingekreiste Zürich den Ernstfall vorbedenken. Auch strategisch erteilte der Reformator Ratschläge. Er entwarf seine Pläne in durchsichtigem Zusammenspiel mit dem hochbegabten Tiroler Bauernführer Michael Gaismair [19]; sie sahen eine rasche Besetzung der Alpenpässe und eine geschickte Zersplitterung der feindlichen Kräfte vor. In den Kappeler Kriegen ist davon nichts zu erkennen; das Ungestüm des altschweizerischen Kriegswesens war zur Einhaltung von Operationsplänen nicht fähig.

4. Die Anfänge der Bündnispolitik [19]

Die oberdeutschen Städte mußten, besonders nach der Steigerung der Fürstenmacht im Bauernkrieg, ihre Stellung durch Zusammenschluß stärken. Die Politisierung der Reformation, für Luther grundsätzlich unmöglich, für Melanchthon ein Problem, war für Zwingli eine Tatsache.

Konstanz und Straßburg, selbst isoliert, suchten kirchlich wie politisch Anschluß an Zürich. Im Sommer 1527 waren die Pläne soweit gereift, daß Zwingli ein Gutachten [20] für den Anschluß eines „Burgrechtes" vorlegen konnte. Das Defensivbündnis soll „der Ehre Gottes und der Mehrung seines Wortes" dienen. Sein militärischer Charakter wird bis ins Einzelne erörtert. Das *Burgrecht mit Konstanz*, ausgearbeitet vom dortigen Stadtschreiber *Georg Vögeli*, trat am Weihnachtstag 1527 in Kraft [21]. Die Verburgrechteten versprachen einander, falls sie angegriffen würden, bewaffnete Hilfe. Die Verhandlungen mit Straßburg zogen sich noch lange hin.

5. Organisation der Kirche

Die politischen Maßnahmen begleitete der innere Ausbau der Zürcher Kirche. Dieser sollte auf die Dauer für Schirm und Ausbreitung der Reformation wirksamer werden, denn er überstand den politischen Zusammenbruch.

1. Zu den Kennzeichen einer reformierten Kirche gehören regelmäßige *Synoden* [22]. In der alten Kirche üblich, waren sie im Mittelalter verschwunden. Die Hessische Synode aus Ständen und Geistlichkeit in Homberg 1526 blieb mit ihrer Kirchenordnung in den Anfängen stecken. Die Wiederherstellung als Institution ist von Zürich ausgegangen. Im Rückblick gehören schon die ersten zwei Disputationen dazu [23]. Die Synoden waren notwendig als Instrument der staatlichen Kirchenhoheit, der theologischen und moralischen Heranbildung einer evangelischen Pfarrerschaft und der Mitsprache der Gemeinden. Aufgrund des Mandats vom

---

Vasella datiert: Anfang 1526; Haas: Juni 1526. – 19 O. Vasella: Zwingli und Gaismair. ZSG 1944, 388–413. M. Haas Zwa 1964/1, 47 ff. W. Klaassen: M. Gaismair, 1978 (Lit.). – J. Bücking: Michael Gaismair, 1978. – Dazu Rez. v. M. Orgis in Zwa 1981/2, 487–490. – Bücking meint (97 f.), daß Zwingli die Tiroler Opposition gegen Habsburg und Gaismairs Einfluß überschätzt habe; anders, wie B. selbst ausgeführt, die Zeitgenossen. – 20 Z VI/I 197–201. – 21 EA IV/1 a 1510–1515. – 22 Z VI/I Nrn. 199–222. – 23 B. Moeller, Ursprünge. – 24 EAk Nr. 1383. – 25 EAk Nr. 1414. – 26 Z VI/I Nr. 120. – 27 EAk Register.

8. April 1528[24] trat am 21. April 1528 die erste Tagung zusammen: um 300 Teilnehmer, darunter 120 Pfarrer und 8 Vertreter der Räte. Aufsicht führte der Bürgermeister, den Vorsitz Zwingli und Jud. Der Prädikanteneid[25], der die Funktion eines Ordinationsgelübdes hatte, verpflichtete auf „das heilige Evangelium" gemäß der Schrift, und gelobte, „noch nicht bestätigte" Lehren oder Bedenken zuvor der „ordentlichen Versammlung der Prädikanten" zu unterbreiten. Die Synodalordnung[26] legt die Lehrgrundlage sowie die wichtigsten Traktanden fest; u. a. die zensierende Befragung der Pfarrer und Gemeinden, die Kontrolle der Durchführung der Sittenmandate, die Wochenpredigten, Vorschläge an den Rat. Legislative Kompetenzen hatte die Synode nicht. Diesen Stil haben die Frühjahrs- und Herbsttagungen jahrhundertelang beibehalten, obwohl sie sich schon zu Bullingers Zeiten zur reinen Geistlichkeitsversammlung wandelten. Innerhalb der übernommenen, z.T. ungebildeten, und der durch die Neuerungen verstörten Priesterschaft formte die Synode Maßstäbe, die sich bald gründlich durchsetzten.

2. Obrigkeitliche *Sittenmandate*[27] waren nicht neu. Sie entsprachen dem genossenschaftlichen Bewußtsein. Neu war es, daß sie vermehrt und durchgesetzt wurden. Die zwischen 1525 und 1530 erlassenen und dann stets wiederholten Warnungen und Strafandrohungen für öffentliches Fluchen, unmäßiges Trinken, Spielen um Geld und allerlei Unfug (alles zu mäßigen Bußen) lieferten faktisch nur die Rechtsgrundlage, bei krassen Auswüchsen eingreifen zu können. Immerhin kündigte sich hier bereits die puritanische Verbindung von Frömmigkeit, Fleiß, Sparsamkeit und Sauberkeit an; ohne Konsens mit dem „gemeinen Mann" hätten die Landesväter damit nur ihre Autorität aufs Spiel gesetzt[28]. Die Eindämmung des Luxus bringt den Armen Erleichterung[29]. Neu war die Kontrolle des sonntäglichen Kirchgangs und die energische Bekämpfung der „heimlichen" Eheschließung. Für das Ehegericht von 1525 erwiesen sich bald ergänzende Regelungen notwendig, namentlich infolge der Täuferbewegung, die oft Familien auseinanderriß. Die Zusammenfassung[30] datiert vom 23. April 1530. Trotz seiner geringen Kompetenzen prägte der „Stillstand" auf Jahrhunderte die Begriffe von Ehre und Schande.

3. Die *Banngewalt* wollte Zwingli anfänglich der Kirchgemeinde zuerkennen. Die bereits ein gewisses Staatsbewußtsein entwickelnden Magistrate des 16. Jhs. konnten aber nach Aufhebung der bischöflichen Gerichte keine Durchkreuzung des obrigkeitlichen Rechtsgangs mehr dulden. Das haben auch Luther und Calvin erfahren. Zwingli war aufgrund seiner Erfahrungen bereit, eine evangelische Obrigkeit als rechtmäßige Repräsentanz der Kirchgemeinden anzuerkennen[31]. Nach dem Großen Sittenmandat[32] vom 26. März 1530 sind hartnäckige Gemeinschaftsbrecher gemäß Mt. 18 durch Ehgoumer, Pfarrer, Zunftmeister oder Untervogt zu vermahnen. Erst dann erfolgt die Meldung an den Magistrat. Dieser kann die Excommunicatio major aussprechen. Die Erweiterung des Mandats in 1532[33] fügte zum Predigtzwang noch den Sakramentszwang, bei Strafe des Ausschlusses von allen Ämtern. Damit wehrte man sich gegen die Rückkehr römischer Einflüsse.

Bull. II 45. – **28** Der Erlaß des Großen Mandats 1530 geschah im Einvernehmen mit den Delegierten der Landschaft. EAk p 703. – **29** Ib. – **30** EAk Nr. 1664. – **31** Z IX 451–467 (an Ambr. Blarer, 4. Mai 1528). XI 363, 12 ff. – **32** EAk Nr. 1656. R. LEY hebt die Mitwirkung der Gemeinden beim Verfahren hervor. – **33** EAk Nr. 1832.

VII. Berns Übertritt

J. H. WAEBER: Bibliographie zur Berner Reformation, Berichtszeit 1956–1979. In: H. MICHEL (Hg.): 450 Jahre Berner Ref. (s. u.) 585–700. – Aktensammlung StT. – L. v MURALT: Berns Westpolitik 1525–1531, Zwa IV/15, 1928, 470–476. – W. KOEHLER: Zwingli u. Bern, 1928. – TH. DE QUERVAIN: Gesch. d. Bernischen Kirchenreformation. In: Gedenkschrift zur Vierhundertjahrfeier ... Bd. I, 1928, 1–302. – W. BOURQUIN: Die Ref. in Biel, ib. 345–388. – R. FELLER: Der Staat Bern in d. Ref., ib. Bd. II, 1928. – DERS.: Gesch. Berns Bd. II, 1953 (Feller II). – K. GUGGISBERG: Bernische Kirchengeschichte, 1958. – J. P. TARDENT: Niklaus Manuel als Staatsmann, AHVB 51, 1967. – G. W. LOCHER: Anfragen der Reformation. In: Reformatio 1978/6. – E. WALDER: Ref. u. moderner Staat. In: H. MICHEL (Hg.): 450 Jahre Berner Ref. (s. u.) 441–583. – H. WAGNER (Hg.): Niklaus Manuel Deutsch. Kunstmuseum Bern 1979. (10 Aufsätze, u. a.:) F. BAECHTIGER: Bern z. Zeit von Niklaus Manuel, ib. 1–16. U. IMHOF: Niklaus Manuel als Politiker und Förderer d. Ref. M. HUGGLER: Niklaus Manuel u. d. Reformatoren. – H. A. MICHEL (Hg.): 450 Jahre Berner reformation, SD AHVB 64/65, 1980/81. (20 Vorträge u. Aufsätze, u. a.:) H. R. LAVATER: Zwingli u. Bern. – E. v. KAENEL: Peter Kunz. R. DELLSPERGER: Zehn Jahre Bernischer Ref. – Gesch. U. GERBER: Die Täufer. A. LINDT: Ref. u. Ökumene. G. W. LOCHER: Niklaus Manuel als Reformator. J. P. TARDENT: Niklaus Manuel als Politiker.

1. Situation

Bern war mit 5 000 Einwohnern eine mittelgroße Stadt, aber mit seinen weiten Gebieten der mächtigste Stadtstaat des Reichs. Seine Regierungskunst entwickelte bereits territorialstaatliches Bewußtsein und verlieh ihm politisches Gewicht, weit über die Grenzen der Schweiz hinaus. Die Solidarität der Städte und die starke evangelische Bewegung in Berns Mauern hatte eine eidgenössische Exekution gegen das isolierte Zürich verhindert. Aber die Zünfte besaßen im Unterschied zu Zürich kaum Anteil an der Regierung, die pensionenempfangende Aristokratie war wie überall wirtschaftlich am status quo interessiert und die ländliche Jungmannschaft aufs Reislaufen erpicht. Auf die Burgunderkriege ging die Spannung zum benachbarten Herzogtum Savoyen zurück, hinter dem der habsburgische Kaiser stand; dem ganzen Bauernvolk war bewußt, daß die Gefahr im Westen keinen Bruch mit der Innerschweiz im Osten erlaubte[1]. All das war der Ausbreitung der Reformation hinderlich. Der konfessionelle Konservativismus hinderte jedoch Schultheiß und Räte keineswegs, auch während der Jahre der Unterdrückung der Reformation den Bischöfen (von Lausanne, Konstanz und Basel) eine Kompetenz nach der anderen zu entreißen[2].

2. Anfänge

„Lutherische" Regungen machten sich in der Stadt seit 1518 bemerkbar, bald auch auf der Landschaft. Der Rat schützte 1522 sogar einige Prediger, die das Meßopfer bezweifelten; weites Aufsehen erregte der Freispruch *Georg Brunners*, Pfarrer beim wundertätigen Muttergottesbild in Kleinhöchstätten; hier hatte der Rat nicht nur einen Disziplinarfall, sondern einen Lehrprozeß vor sein Forum

---

1 L. v. MURALT, Westpolitik. – 2 G. Tobler, Das Verh. v. Staat u. Kirche in Bern in d. Jahren 1521–1527, in: Festg. G. Meyer v. Knonau, Zürich 1913, 343–357. – 3 C. PESTALOZZI:

gezogen. Der Münsterpfarrer *Berchtold* Haller[3] predigte vorsichtig, der franziskanische Lesemeister *Sebastian Meyer*[4] entschieden evangelisch. Doch die Berufung des wortgewaltigen *Hans Heim* OP leitete den Gegenstoß ein. Daß Bern die Einladung zur Ersten Zürcher Disputation (29. Jan. 1523) ausschlug, war die erste einer langen Reihe von Niederlagen der Reformation.

Im Schutz der Narrenfreiheit ließ der geniale *Niklaus Manuel*[5] an der Fasnacht 1523 öffentlich zwei Spiele aufführen, die den „Gegensatz" Christi und des Papstes derb darstellten und sozialrevolutionäre Züge trugen. Doch die Räte wußten die Bewegung geschickt einzudämmen. Das vielerörterte, m.E. fälschlich so genannte „erste Berner Reformationsmandat" von „Viti und Modesti" (15. Juni)[6] 1523 verpflichtete die Geistlichkeit, „allein das Evangelium" zu predigen, alle „widerbiblische" Lehre aber, „von Luther oder andern Doctoren", zu unterlassen. Was als „biblisch" zu gelten hat, ist danach offenbar von Papst und Kaiser bereits entschieden. Das Mandat versucht also, den Evangelischen das religiös und rechtlich einleuchtende Schriftprinzip zu entwinden und gegen sie zu kehren. Genannt ist der verurteilte Luther, gemeint der diplomatisch ungenannte Zwingli und sein Kreis[7]. Diese Deutung wird bestätigt durch die sofortigen zahlreichen Ausweisungen evangelisch gesinnter Pfarrer und die Serie der gesteigert reaktionären Mandate der folgenden Jahre. Manuel wurde auf die Landvogtei Erlach versetzt. Im Oktober 1524 wurden Heim und Meyer gleichzeitig entlassen; seit 1525 waren nur noch Haller und Kunz (in Erlenbach im Simmental) als evangelische Pfarrer übrig. Das Pfingstmontagmandat vom 21. Mai 1526 ließ beschwören, beim alten Glauben zu bleiben; Priesterehe und evangelische Bücher sind streng verboten[8].

Trotzdem breitete sich die Bewegung aus, auch nach der Badener Disputation. Hier wirkte sich der verborgene Einfluß des Stadtschreibers *Peter Cyro*[9] aus. Daß Luzern Bern als trägem Verbündeten die Akteneinsicht verweigerte, kränkte die stolze Republik; sie sagte sich von den Badener Beschlüssen los. Nun brachten die Wahlen von 1527 eine sichere evangelische Mehrheit in den Großen Rat[10]. Haller bekam in *Franz Kolb*[11] einen Helfer; *Farel* durfte in Aigle predigen[12]. Das Fünfte Glaubensmandat[13] (27. Mai 1527) hob alle früheren außer „Viti und Modesti" auf; jetzt bedeutete das einen Schritt zur Reformation. Darauf setzten die Zünfte die Disputation durch.

3. Die Disputation von 1528[14]

Die evangelische Bewegung benötigte eine Veranstaltung, die kirchlich, politisch und damit juristisch die Badener Disputation an Bedeutung und Ansehen übertraf. Die Berner Disputation wurde eine mächtige Demonstration des oberdeutsch-

---

B. Haller, 1861. – (Trechsel) Bloesch RE³ VII, 1899, 366–370. – H. R. Lavater: Zwingli und Bern (s. o.) p 76. 92–94. – **4** Z VII 611. – **5** Bekehrter Reisläufer, Maler, Dichter, Staatsmann, 1484–1530. – Manuel-Kolloquium 1978; Michel (Hg.) 450 Jahre, 1980 II. Teil, 285–440 (Lit.). – **6** StT Nr. 249. – **7** Die Interpretation von de Quervain und Guggisberg sind zu korrigieren. Auch Walders Meinung in seinem sonst hoch instruktiven Aufsatz, die Ratsherren seien sich über ihren Beschluß selbst nicht im klaren gewesen, halte ich beim sonst anerkannten Niveau der Berner Politik, Monate nach der Ersten Zürcher Disputation, für ausgeschlossen. – **8** StT Nr. 892. – **9** HBLS II 658. – **10** Tardent 11 (korrigiert ältere Lit.). – **11** StT Nr. 1163. 1167. Z VIII 351. RE³ X 641 (Bloesch). – **12** StT Nr. 1144. – **13** StT Nr. 1221. – **14** Handlung oder Acta Gehaltener Disputation zu Bern in Üchtland im Jahr MDXXVIII ... Zürich 1528. Verbreitetster offizieller Neudruck: Bern 1701. – K. Lindt: Der theologische Gehalt der Berner-Disputation. Gedenkschrift: Bd. I, 1928, 303–344. G. W. Locher: Die Berner Disputation 1528, Charakter, Verlauf und Gehalt. In Zwa 1978/2, XIV, 542–564. **15** StT Nr. 1371. – Moeller, Disputationen. – **16** StT Nr. 1371. –

städtischen Flügels der Reformationsbewegung und ein Höhepunkt des Zwinglianismus.

Die Ausschreibung[15] vom 17. November 1527 bot alle Geistlichen von Stadt und Land auf, dazu bei Verlust ihrer Rechte in bernischen Gebieten die Bischöfe von Konstanz, Basel, Lausanne und Sitten; freundlich eingeladen wurden die eidgenössischen Stände und eine Reihe süddeutscher Städte. Strikt wurde für die Argumentation das Schriftprinzip gegenüber „aller menschen eigen guotdunken" statuiert; die *Zehn Schlußreden*[16] lagen bei. Kolb und Haller hatten dazu Formulierungen aus Comanders Ilanzer Thesen von 1524 aufgenommen, der seinerseits auf Zwinglische Sätze zurückgegriffen hatte[17]. Die berühmte Erste Berner These setzt beim Dritten Artikel ein und vertieft dadurch das Schriftprinzip pneumatologisch: „Die heilig christenlich Kilch, deren einig houpt Christus, ist us dem wort gots geboren; im selben blibt si, und hört nit die stimm eins frömden." Dieses Prinzip wendet die Zweite These gegen menschliche Autorität und Kirchengebote, die Dritte gegen die Verdienstlehre, die Vierte und Fünfte gegen die Messe, die Sechste bis Achte gegen Heiligenverehrung, Fegfeuer und Bilder; Neun und Zehn fordern die Priesterehe. Die Kraft der knappen Worte lag in ihrer Verbindung von Grundsätzlichkeit und Lebensnähe.

Die Bischöfe und acht Orte blieben aus; sie hätten durch Teilnahme ihre Badener Beschlüsse selbst in Frage gestellt. Aber aus Zürich waren Zwingli und 69 Ratsherren und Pfarrer anwesend, aus Straßburg Bucer und Capito, aus Basel Oekolampad, aus St. Gallen Vadian und Burgauer, aus Konstanz Ambrosius Blarer. Offiziell oder inoffiziell vertreten waren ferner u. a. Mülhausen i. E., Lindau a. B., Memmingen, Augsburg, Ulm, Nürnberg, Isny. Die Altkirchlichen stellten eine beachtliche Minderheit dar. Zwar hatte Eck seine Einladung abgelehnt[18], so daß kein literarisch bekannter römischer Polemiker anwesend war; trotzdem traf Zwinglis Feststellung zu: „mit ihrer Lehr, Argumenten und Gründen waren sie gegenwärtig"[19]. Immerhin war der Augustiner-Provincial *Konrad Träger*[20] aus Freiburg i. Ue. ein bedeutender, theologisch fähiger Kirchenpolitiker; weitere Hauptsprecher waren der sehr beschlagene Johannes Buchstab aus Zofingen, Alexius Graf OP aus Bern und *Diebold Huter,* Retter des Katholizismus in Appenzell.

So wurde die Disputation im Barfüßerkloster kein Scheingefecht. Sie dauerte vom 6. bis 26. Januar 1528. Präsidenten waren Vadian, Komtur Schmid, Abt Konrad Schilling und D Niklaus Briefer (kath.). Das Volk wurde erreicht durch die begleitenden Predigten; es sprachen u. a. Blarer, Bucer, Oekolampad, Sam (Augsburg), Gasser (Lindau) und Zwingli[21].

4. Durchführung

235 Berner Priester machten sich die Thesen zu eigen, 46 verwarfen sie. Auf Vadians Rat wurde die Öffentlichkeit zu Einsprachen aufgefordert; sie blieben aus. Am 2. Februar schwur die Bürgerschaft im Münster, der Obrigkeit auf dem vom Wort Gottes gewiesenen Weg zu folgen. So seiner Stadt versichert wagte der Rat am 7. Februar für das ganze Gebiet das *Reformationsmandat*[22].

---

17 Z III 168, 6–10. 258f. 748f. – **18** Z IX 325–331. EAk Nr. 1336. J. LIPPERT in Zwa 1938/2; G. W. LOCHER in Zwa 1971, 283–285. – **19** „Handlung...", Ausg. 1701, 486. – **20** LThK² X 332f. Z VIII 241. – **21** G. W. LOCHER: Von der Standhaftigkeit. Zwinglis Berner Schlußpredigt... In: Gedenkschrift K. Guggisberg, Bern 1973. – **22** StT Nr. 1513. –

In den *Abstimmungen* stimme die Mehrheit der Gemeinden zu. Daß die Tolerierung des alten Glaubens bald der theokratischen Glaubenseinheit weichen werde, war wohl jedermann klar. Trotzdem wurde vereinzelt an Messe und Bildern festgehalten. Die Obrigkeit ging aber, unter Ausnutzung der Stimmung, mit der Aufhebung der Klöster systematisch vor. Stiftungen wurden rückerstattet. Großzügige Landzuweisungen an die Kirchgemeinden erleichterten den Übergang.

Die Beibehaltung von Zinsen und Zehnten bildete den Anlaß zu einer *Empörung im Oberland*[23]. Bern schloß am 25. Juni 1528 das Burgrecht mit Zürich; dann warf es im Herbst den Aufstand leicht nieder. Einige Rädelsführer wurden hingerichtet, sonst war die Bestrafung milde. Mit Unterwalden, das geschürt, 800 Mann zu Hilfe gesandt und damit die Bünde schwer verletzt hatte, wollte Bern sich um eine hohe Geldsumme verständigen. Zwingli setzte stattdessen im Landfrieden nach dem Ersten Kappelerkrieg 1529 die Freigabe der evangelischen Predigt in den Gemeinen Herrschaften durch.

Im Februar und März 1530 beschworen Stadt und Landschaft das *Verbot von Reislaufen und Pensionen*[24]. In Wirklichkeit taten die französischen Dukaten noch lange ihre Wirkung und war die Jungmannschaft schwer daheim zu halten.

Nach Zürcher Vorbild wurden anstelle der bischöflichen Gewalt die *Chorgerichte* geschaffen, jedoch mit engerer Verbindung zu Landvogt und Räten. Darin lag der Keim zum späteren Zusammenstoß mit der Calvinischen Gemeindezucht.

Zur Ausbildung evangelischer Theologen stiftete Bern sofort eine *Hohe Schule* mit drei Professuren. Die Leitung hatte der Zwingli nahestehende *Caspar Megander* (Großmann) aus Zürich[25].

5. Folgen für die Reformationsbewegung

Zürichs Isolierung war behoben und ein Gleichgewicht der Kräfte hergestellt. Der Weg zur Reformation in andern Städten der Eidgenossenschaft und zu deren Burgrecht war frei. Viele süddeutsche Städte näherten sich Zürich und Bern. Bern selbst förderte, besonders durch die ungestümen Aktionen Farels, die Bewegung im Westen der Schweiz und im (savoyischen) Waadtland.

VIII. Hauptprobleme der Theologie Zwinglis nach der „Professio (Expositio) Fidei" 1531/36

Literatur s. o. Kp. I/8. Ferner: J. J. HERZOG: Bemerkungen über Zwinglis Lehre von der Vorsehung und Gnadenwahl, ThStKr 1839, 778–810. – A. SCHWEIZER: Die Glaubenslehre der evangelisch-reformierten Kirche, Bd. I, 1844. – DERS.: Die protestantischen Zentraldogmen in ihrer Entwicklung innerhalb der reformierten Kirche, Bd. I, 1854. – DERS.: Zwinglis Bedeutung neben Luther, Festrede 1884. – CHR. SIGWART: Ulrich Zwingli, der Charakter seiner Theologie mit besondere Rücksicht auf Picus von Mirandula, 1855. – H. SPOERRI: Zwingli-Studien, 1866. – S. CRAMER: Zwinglis leer van het godsdienstig geloof, 1866. – J. A. BRUINS: Het leerstuk over de Kerk volgens Luther, Zwingli en Calvijn, 1869. –

---

[23] H. SPECKER: Die Reformationswirren im Berner Oberland. Beih. SKG 1951. – [24] StT Nrn. 2170. 2725. 2750. – [25] U. IM HOF: Die Gründung der Hohen Schule zu Bern 1528. In: 450 Jahre Berner Hohe Schule 1528–1978. Univ.-bibl. Bern 1978.

VIII. Hauptprobleme der Theologie Zwinglis nach der Professio (Expositio)

K. MARTHALER: Zwinglis Lehre vom Glauben, 1873. – H. BAVINCK: De Ethiek van Zwingli, 1880. – J. M. USTERI: Ulrich Zwingli, ein Martin Luther ebenbürtiger Zeuge ..., Festschrift 1883. DERS.: Zwingli und Erasmus, 1885. – A. BAUR: Zwinglis Theologie, ihr Werden und ihr System, Bd. I 1885, Bd. II 1889. – W. THOMAS: Das Erkenntnisprinzip bei Zwingli, 1902. – G. OORTHUYS: De anthropologie van Zwingli, 1905. – DERS.: Uitleggen en gronden der stellingen ... 1523, 1909. Nachdruck in: DERS.: Kruispunten op den weg der kerk, 1935. – U. DRESKE: Zwingli und das Naturrecht, 1911. – A. LANG: Zwingli und Calvin, 1913. – E. VISCHER: Der schweizerische Reformator Ulrich Zwingli, 1917. – P. WERNLE: Das Verhältnis der schweizerischen zur deutschen Reformation, 1918. – DERS.: Der evangelische Glaube nach den Hauptschriften der Reformatoren, Bd. II: Zwingli, 1919. – W. KÖHLER: Zwingli als Theologe, in: UZ 1919, 9–74. – DERS.: Die Geisteswelt Ulrich Zwinglis, 1920. – DERS.: Zwinglis Glaubensbekenntnis (Fidei Ratio), Zwa V 242–261, 1931. – E. F. K. MÜLLER: Reformatorische, insbesondere reformierte Schriftauslegung. In: W. A. LANGENOHL (Hg.): Jesu Gemeinde und das Wort, 1928, 54–80. – E. SEEBERG: Der Gegensatz zwischen Zwingli, Schwenckfeld und Luther. In: W. KOEPP (Hg.): Reinhold-Seeberg-Fs Bd. I, 1929, 43–78. – F. BLANKE: Zwinglis Beitrag zur reformatorischen Botschaft, Zwa V, 262–275, 1931. – M. WERNER: Zwinglis Bedeutung für den Aufbau einer modernen Dogmatik. In: Schweiz. Theolog. Umschau 1932/7, 97–110. – A. WALDBURGER: Der wahre und der falsche Zwingli, 1932. – L. v. MURALT: Zwinglis dogmatisches Sondergut. Zwa V 321–339, 353–368, 1932. – R. E. DAVIES: The Problem of Authority ... A Study in Luther, Zwingli und Calvin, 1946. – A. RICH: Die Anfänge der Theologie Huldrych Zwinglis, 1949. – DERS.: Zwingli als sozialpolitischer Denker, Zwa XIII, 67–89, 1969. – M. HUBER: Natürliche Gotteserkenntnis, Ein Vergleich zwischen Thomas von Aquin und Huldrych Zwingli, 1950. – H. SCHMID: Zwinglis Lehre von der göttlichen und menschlichen Gerechtigkeit, 1959. – O. FARNER: Huldrych Zwingli (OF) Bd. IV, hg. v. R. PFISTER, 1960, 72–79, 209–232. – J. ROGGE: Zwingli und Erasmus, 1962. – DERS.: Die Initia Zwinglis und Luthers, LuJ 1963, 107–133. – J. V. POLLET O. P.: Huldrych Zwingli et la Réforme en Suisse, 1963. – DERS.: Artikel Zwingli, LThK 2. Aufl., Bd. X 1965, 1433–1441. – J. COURVOISIER: Zwingli, théologien réformé, 1965. Deutsche Übersetzung von R. PFISTERER (Zwingli als reformierter Theologe, 1966). – F. SCHMIDT-CLAUSING: Zwingli, 1965. – CHR. GESTRICH: Zwingli als Theologe, 1967. – R. C. WALTON: Zwingli's Theocracy, 1967. – F. BÜSSER: Der Prophet – Gedanken zu Zwinglis Theologie, Zwa XIII, 7–18, 1969, – DERS.: Zwingli – Reformation als prophetischer Auftrag, 1973. – G. W. LOCHER: Grundzüge der Theologie Zwinglis im Vergleich mit derjenigen Luthers und Calvins, HZnS, 1969, 173–274. – DERS.: Zwingli und Erasmus, Zwa XIII 37–61, 1969; desgl. in: J. COPPENS (éd.): Scrinium Erasmianum Bd. II, 325–350, 1969. – DERS.: Die deutsche Reformation aus Schweizer Sicht, ZKG 1978, 31–35. – J. F. G. GOETERS: Zwinglis Werdegang als Erasmianer, in: M. GRESCHAT u. G. GOETERS: Reformation und Humanismus, Fs R. STUPPERICH, 255–271, 1969. – F. E. SCIUTO: Lo spiritualismo di Zwingli nell'opera „Sulla chiarezza e certezza della parola di Dio", in: U. NEUENSCHWANDER u. R. DELLSPERGER (Hg.): Humanität und Glaube, Festschrift K. Guggisberg, 1973, 43–73. – DERS.: L'eterogenesi dei fini e il „De providentia" di Zwingli. In: Rivista di Studi Crociani 14, 1977, 102. 104. – M. BÜTTNER: Regiert Gott die Welt? Studien zur Providentialehre bei Zwingli und Melanchthon, 1975. – D. DEMANDT: Zur Wirtschaftsethik Huldrich Zwinglis. In: Fs H. Helbig, 1976, 306–321. – G. RUDOLPH: Die sozialökonomische Konzeption Huldrych Zwinglis. Deutsche Zs f. Philosophie 25, 1977, 62–77 (Marxistischer Kommentar). – W. H. NEUSER: Die reformatorische Wende bei Zwingli, 1977. – DERS.: s. o. Kp. I/8. – U. GAEBLER: Huldrych Zwinglis „reformatorische Wende". ZKG 1978, 120–135. – J. H. LEITH: An Introduction to the Reformed Tradition, ²1978. – R. STAUFFER: L'influence et la critique de l'humanisme dans le De vera et falsa religione de Zwingli. In: DERS.: Interprètes de la Bible, 1980, 87–102. – J. COURVOISIER: Huldrych Zwingli: De la justice divine et de la justice humaine. (Traduction) Introduction. 1980. –

1. In ihren Grundlinien lag Zwinglis reformatorische Lehre mit dem *Usslegen*[1] vom Sommer 1523 fertig vor. Die „Einleitung"[2] vom November 1523 bot sie als bekenntnishaftes Programm, der Commentarius[3] 1525 in freilich rasch niedergeschriebener, aber inhaltlich umfassender und durchdachter Form. Der Zürcher Reformator hat dann seine Dogmatik noch mehrere Male in kürzeren oder längeren Schriften dargelegt und ist dabei je nach der Diskussionslage auf verschiedene Weise vorgegangen. Prinzipielle Wandlungen erfolgten nicht mehr. Doch auch von Stillstand kann keine Rede sein. Vielmehr vertieften die wenigen, mit Kirchenpolitik überlasteten, Jahre viele theoretische Einsichten, auch unumstrittene, und brachten sie zur Reife. So ließen sich eine Reihe von *Entwicklungen* aufzählen. Zu den wichtigsten gehören a) die Umkehrung der Folge Gesetz-Evangelium zur Verordnung des Evangeliums seit Dezember 1524[4], b) die Ausformung der signifikativen Sakramentslehre zur bewußten anamnetischen Realpräsenz während des Abendmahlsstreits[5] 1525–29, c) die Wiederaufnahme der Problematik des Humanismus und derjenigen des deterministischen Lebensgefühls der Renaissance in den an Fürstenhöfe gerichteten Abhandlungen der letzten Jahre[6] 1529–31.

Doch vollzogen sich diese Bewegungen im Rahmen der von Anfang an vorgegebenen Motive und Elemente: des alttestamentlich bestimmten Prophetismus, der soteriologischen Christologie aus Johannesevangelium und Hebräerbrief, der Via antiqua, des Einflusses Augustins, des schweizerischen Reformwillens[7].

2. Wir geben Zwingli selbst das Wort[8], indem wir einer seiner klarsten Darlegungen folgen, der 1536 von Bullinger postum edierten, seither sogenannten *Fidei Expositio*[9], d.h. „Auslegung des Apostolikums". Zwingli hat sie im Frühjahr 1531 als *„Professio fidei"*, d.h. als verbindliche „Bezeugung" des in den Kirchen[10] der Städte des „Christlichen Burgrechts" verkündeten „Glaubens" zur Orientierung König Franz I. von Frankreich und seiner Ratgeber verfaßt. Er hält sich – Beweis seiner Orthodoxie – im ganzen an die Artikelreihe des im Mittelalter aus der Katechese bekannten Credos, interpretiert es aber evangelisch, zieht daraus reformatorische Konsequenzen und fügt zu den Streitfragen ausführliche Exkurse ein. Die Polemik – ausdrücklich nur gegen „Papisten" und „Catabaptisten" – bleibt maßvoll; die Kraft der Schrift liegt in der Verknüpfung weniger zentraler Leitgedanken, nämlich Gottesbegriff, Christologie und Soteriologie. Wir liefern keine vollständige Inhaltsangabe, erörtern aber den inneren Zusammenhang von Zwinglis Theologie.

3. Denselben deutet bereits die *Praefatio* an, wenn sie die Verleumdung, die Evangelischen untergrüben alle geistliche und weltliche Autorität, als providentiellen Anlaß zum Bekenntnis wertet und die Auseinandersetzung unter das Kriterium stellt, daß der Glaube, nach Hebr. 11,1 eine Kraft, Festigkeit und Gewißheit[11] des

---

1 Z II Nr. 20 (H III–IV). – 2 Z II Nr. 27 (H I 245–293). – 3 Z III Nr. 50 (H IX–X). – 4 Z VIII 263 f. – 5 HZnS 260. – 6 De Providentia S IV 79–144; H II 79–250. – Fidei Expositio S IV 42–75. – 7 S.o. Kp. III. – 8 Nach Darstellungen, die sich an die klassischen Loci hielten (ThZ I; RGG³ VI Sp. 1960–1969; HZnS 173–274), hier ein Referat, das einem zusammenhängenden Text folgt. – 9 S IV 42–78; erscheint in Z VI/III. Deutsch: H XI 295–354 (O. PFISTER); R. CHRISTOFFEL: H. Zwingli, Leben u. ausgew. Schriften, 1857, 262–298; KUENZLI 297–309 (Auszug). – Zu Titel und Text: G. W. LOCHER: Zu Zwinglis „Professio fidei" Zwa XII/10 (1968/2) 689–700. – S. HAUSAMMANN: Die Textgrundlage von Zwinglis „Fidei Expositio" Zwa XIII/7 (1972/1) 463–472. – BAUR II 754–776. – WERNLE II 328–358. – Wir führen die in S begonnene Trennung und Zählung der Abschnitte zu Ende; den Appendix p 68–78 (obwohl gegen 68 Anm. echt) lassen wir beiseite. – 10 S IV 44 unten: „ecclesiae nostrae". 66 mitte: „die Prediger in den Städten des Christlichen Burgrechts." – 11 „Firmitas

VIII. Hauptprobleme der Theologie Zwinglis nach der Professio (Expositio)

Geistes, sich unentwegt auf Gott selbst, den „unsichtbaren", richte und auf nichts anderes. „Nur bei Gott ist die Wahrheit; wer diese Erkenntnis bei sich erfährt und empfindet, wieso sollte er dies Vertrauen nicht mit einigen Worten darlegen können?"[12] Wir halten fest: Gegenstand des Glaubens ist immer Gott in seiner Überweltlichkeit. Daher die Zuversicht, die er der Seele verleiht. Die Wahrheitserkenntnis setzt sich also als inneres Erlebnis fort.

Bezeichnenderweise zieht bereits die Erörterung des *Ersten Artikels* unter der reformatorischen Überschrift „Gott und Gottesdienst"[13] diese Grundlinie bis in sämtliche wichtigen Kontroversen aus. Zwingli weiß, daß im „fidere soli deo" der Kern seines Denkens liegt. Der Satz „Ich glaube an ... den Schöpfer" verbietet – so *Abschnitt 1* – jegliches Vertrauen auf Kreatürliches. Es sind die Heiden (gentes) und die Frevler (impii), die sich dessen schuldig machen. Sie fallen dabei in inneren Widerspruch, denn die in sich kraftlose Kreatur kann gar nicht „Objekt und Fundament" des Glaubens sein[14]. Den Hintergrund bildet ein soteriologischer Monotheismus: Schöpfer-sein, Ungeschaffenheit, Ewigkeit und Unendlichkeit gehören zusammen; es kann aber nur Ein Unendliches geben. Eine solche philosophische Erwägung stellte im Spätmittelalter keineswegs eine Abschweifung vom Glauben dar; gegenüber dem Fatalismus der Renaissance war sie aktuell. Das offen anvisierte polemische Ziel sind Heiligenverehrung und Sakramentalismus; ausdrücklich genannt werden Eucharistie, Taufe und Handauflegung.

Zu diesen Streitpunkten liefert *Abschnitt 2* die Apologie und die positive Erläuterung. „Wir" beseitigen die Heiligen und die Sakramente keineswegs, sondern pflegen ihren von Christus selbst gelehrten „legitimus cultus"[15]. Die jungfräuliche Gottesmutter Maria, erhaben über alle andern Geschöpfe, duldet, „je tiefere Ehrfurcht sie gegen Gott, ihren Sohn, hegt", für sich keine göttliche Verehrung. Die Heiligen ehren heißt ihre vom Heiligen Geist bewirkten Vorbilder und Mahnungen befolgen. Die Sakramente sind Zeichen und Sinnbilder heiliger Dinge, nicht diese Dinge selbst; sie vergegenwärtigen (inferunt) uns, was wirklich, wesenhaft und natürlich geschehen ist, geschieht und geschehen wird: den Sühnetod Christi und das neue Leben[16]. Zwingli greift also den Vorwurf, seine Feiern hätten es nur mit leeren Zeichen zu tun, auf. Doch das göttliche „vere, per essentiam und naturaliter" gehört der Wirklichkeit des Heils, nicht den Elementen. Überhaupt kommt weder Heiligen noch Sakramenten die Kraft zu, die Gott allein besitzt: Sünden zu vergeben und Gnadengaben zu verleihen[17]. Kurz: der im Credo bekannte Glaube an den Schöpfer eröffnet uns die „Quelle unserer Religion", schließt aber jede religiöse Kreaturverehrung aus[18].

Abschnitt 3: Traditionsgemäß schließt sich der Lehre von Gott die von der Trinität und von den göttlichen Eigenschaften an. Für Zwingli ist bezeichnend, daß er in beide Loci schon die Soteriologie, und zwar als Satisfaktionslehre, hineinnimmt und dabei natürlich auch schon die Christologie streift. Desgleichen ist die Lehre vom Sündenfall vorausgesetzt. Die gemäß der Schrift dreifache Offenbarungspersonalität Gottes bildet die Entfaltung seiner Einheit; der Ton liegt auf der una essentia. Grundeigenschaft Gottes ist seine spendende Güte. Diese tritt angesichts des verhängnisvollen menschlichen Sündenfalls in eine innere Bewegung ein: als Gerechtigkeit muß sie den Trägern des gottlosen Wesens die Gemeinschaft

---

et certitudo" für Hebr. 11, 1. – **12** S IV 44 unten. – **13** De Deo et cultu eius. – **14** „Constat istud, ut quicquid est creatura non possit huius inconcussae ac indubitatae virtutis, quae fides est, obiectum ac fundamentum esse ... Deum enim esse oportet, quo infalliter fidendum sit". S IV 45 m. – **15** S IV 46 m. – **16** Ib. 46 o. u. – **17** Jb. m/u. – **18** Ib. 47 o. – **19** Ib. 47 u. –

versagen, als Gnädigkeit will sie ihre Geschöpfe nicht dem Verderben überlassen. Engel oder Menschen konnten die Sühne nicht leisten. „So hat Gottes Güte von sich selbst angenommen, was sie uns schenken wollte"[19]. Die Assumptio carnis durch den (ewigen) Sohn war der Weg zum Versöhnungsopfer der Barmherzigkeit an die Gerechtigkeit, die sich darin beide nicht nur anzeigten, sondern verwirklichten[20] — mit universaler Gültigkeit[21]. „So wurde uns Gottes Sohn zur Bestätigung seiner Barmherzigkeit gegeben, zum Pfand seiner Vergebung, zur Bezahlung seiner Gerechtigkeit und zur Richtschnur des Lebens, um uns der Gnade Gottes gewiß zu machen und uns das Gesetz des Lebens zu verleihen"[22]. Wir merken an, wie die Betonung der Gottheit Christi die Selbsthingabe[23] Gottes und damit die Sicherheit und Vollkommenheit des Heils garantiert, die Einheit von Gnade und Gerechtigkeit wie von Evangelium und Gesetz herbeiführt und den bei den andern Reformatoren sakramentalen Begriff des „Vergebungspfandes" für Christus selbst reserviert.

Zum *Zweiten Artikel* („Christus der Herr") referiert zunächst der *4. Abschnitt* unter Anspielung an das Chalcedonense und unter Berufung auf das sog. Athanasianum die orthodoxe Lehre von der Assumptio carnis, der hypostatischen Union und den Zwei Naturen, wobei Zwingli unterstreicht, wie die Inkarnation weder die Gottheit noch die Menschheit beeinträchtigt. Zweifellos ist die Gipfelung in der Unio personalis mit ihrer thomistischen Definition, Christi Personzentrum sei seine Gottheit, beabsichtigt[24]. Die trockene Verteilung biblischer Berichte auf die beiden Naturen Christi (nach der göttlichen heilt und vergibt er, nach der menschlichen dürstet ihn usw.[25]), die für uns die exegetischen Grenzen der klassischen Christologie bloßlegt, erweckt unvermeidlich einen „nestorianischen" Eindruck, hat aber den soteriologischen Sinn, sowohl jene Einheit der göttlichen Person als auch ihre echte, mit uns gemeinsame Menschheit festzuhalten[26]. Zwingli praktiziert hier auf thomistischen Bahnen das, was in der katholischen und calvinischen Theologie „communicatio idiomatum", bei Zwingli selbst „Allöosis" heißt (Übertragbarkeit der Eigenschaften der einzelnen Naturen auf die Eine Person)[27], während die lutherische Idiomenkommunion (Übertragbarkeit der Eigenschaften einer Natur auf die andere)[28] eine monophysische Tendenz barg.

Nach den bisher entfalteten Prämissen können sich die *Abschnitte 5–9* kurz fassen: stets bewahrte Jungfräulichkeit der Maria; schimpflichstes Sühneleiden des Heilands nach seiner Menschheit, „um keine Erniedrigung übrig zu lassen, die er nicht an sich selbst erfahren und erfüllt hätte"[29]; Tod und Begrabenwerden gehören zur wahren Menschheit; das „descendit ad inferos" bekräftigt nach alttestamentlichem Sprachgebrauch das Gestorbensein, dazu nach 1. Petr. 3, 14 u. 4, 6 die

---

20 „ut haec duo toti orbi non modo ostenderet, sed etiam impenderet (erweisen): redemptionem et renovationem." Ib. 47 m. — 21 „toti orbi" ib. 47 m.; „pro universorum scelerum expiatione" ib. m/u. — 22 Ib. 48 o. — 23 „se ipsum dedit" ib. 48 o./m. — 24 Ib. 48 u. — Thomas S. th. I Q XXIX Art. 1, 2: „Humana natura in Christo non est persona, quia est assumpta a digniori, scilicet a Verbo Dei." Sachlich identisch III Q II Art. 2, 3. — 25 S IV 48 m./u.; 49 Abschn. 6. — Calvin Inst. II 12, 1; 13, 1. In Mt. 8, 23 u. ö. — 26 Gegen Wernle II 335. — 27 THOMAS S. th. III Q XVI, Art. 4; Art. 5: „Ea, quae sunt unius naturae, non possunt de alia praedicari, secundum quod in abstracto significantur"; Art. 8. 11. 12. Q XIX Art. 1. Q XXII Art. 2. — LThK¹ III 20 f. LThK² V 607–609. — CALVIN Inst. II, 14, 1. — ZWINGLI Z VI/II 126–159. — HZnS 211–214. — 28 C.E. LUTHARDT: Compendium der Dogmatik ⁴1873, 154–157 f. H. GRASS: Die Abendmahlslehre bei Luther und Calvin, 1954, 68–86. R. SCHWARZ: Gott ist Mensch, Zur Lehre von der Person Christi bei den Ockhamisten und bei Luther, ZThK 1966, 289–351. — 29 S IV 49 o./m. — 30 „Quicquid enim Christus est,

VIII. Hauptprobleme der Theologie Zwinglis nach der Professio (Expositio)   J 55

Kraft der Versöhnung für die Abgeschiedenen. Sind diese Artikel Postulate der Menschheit, so ist derjenige von der Auferstehung ein solches der Gottheit des Erlösers. Nicht zufällig stößt der Reformator hier dreimal zu seinem christologischen Zentralbegriff vor: an der Auferstehung hängt es, daß der Herr wirklich der „Christus noster"[30] ist, wie auch die Argumentation von 1. Kor. 15 darin gründet[31], daß Jesu Auferweckung der Beginn unsers ewigen Lebens ist[32]. Wir erkennen, wie Zwinglis Erhöhungs-Christologie des „Christus noster" neben die Kreuzestheologie Luthers mit ihrem „pro me" tritt. Aber auch „Auffahrt" und „Sitz zur Rechten" behalten nur dann ihren Verheißungscharakter, wenn sie die ungeschmälerte menschliche Natur respektieren. Die Vorstellung ist die orthodoxe: mit dem Tode gelangt unsere gläubige Seele zum Herrn, am jüngsten Tage wird sie mit ihrem verklärten Leib vereinigt.

Auferstehung und Auffahrt geben Anlaß, mit dem Fegfeuer (wir zählen *Abschnitt 10*) kurzen Prozeß zu machen: Unsere Zugehörigkeit zu Christus schließt gemäß Apg. 2,27 und Joh. 5,24 einen Zwischenzustand aus, und ein peinliches Abbüßen unserer Sünden leugnet Gottes Güte, Christi Genugtuung und unsern Freispruch.

Eingehend aber erörtert der Exkurs *(Abschnitt 11)* über die *Gegenwart des Leibes Christi im Abendmahl*, wie Himmelfahrt und Sitz zur Rechten deren Verständnis bestimmen: sie schließen – zusammen mit zahlreichen Bibeltexten – ein natürliches und substantielles Essen des Leibes Christi und die wörtliche Auslegung der Einsetzungsworte aus. Die christologischen und exegetischen Erwägungen ergeben: Jesus eine andere Leiblichkeit zuschreiben als die unsere, z.B. eine ubiquitäre, hieße das „totus noster est" leugnen[33]. Das „Essen seines Leibes" (Joh. 6,51–59) ist ein geistlicher Vorgang, zunächst identisch mit dem Glauben an das, was uns der Vater in der Leiblichkeit des Sohnes geschenkt hat[34]. „Geistlich den Leib Christi genießen heißt nichts anderes, als sich (gegen alle innere Anfechtung[35] mit Geist und Sinn (spiritu et mente) durch Christus auf Gottes Barmherzigkeit und Güte verlassen; das heißt: durch unerschütterlichen Glauben gewiß sein, Gott werde uns die Vergebung der Sünden und die Freude der ewigen Seligkeit schenken, um seines Sohnes willen, der ganz der unsere geworden ist und, für uns geopfert, uns Gottes Gerechtigkeit versöhnt hat. Denn was könnte der uns noch abschlagen, der uns seinen eingeborenen Sohn gab?" (Röm. 8,32)[36]. Von diesem geistlichen Genießen unterscheidet Zwingli mit einem vermutlich nach Marburg 1529 von Bucer übernommenen Ausdruck den „sakramentalen" Genuß[37]. Dieser geschieht im eigentlichen Sinn, wo der innere Glaube sich gemeinsam mit den Brüdern durch dankbare Teilhabe an Brot und Wein, dem symbolicum Christi corpus[38], äußerlich bezeugt. „Uneigentlich", mißbräuchlich, wird „sakramental" gegessen, wo der Glaube fehlt. Diese Heuchler machen sich des Gerichtes schuldig, „weil sie den Leib des Herrn, nämlich das ganze Mysterium seiner Menschwerdung und seines Leidens ... nicht in Ehren halten ..."[39]. Zwingli verschweigt nicht, daß „unter uns"[40] heftig über das Abendmahl gestritten worden ist. Er hält aber zweierlei fest: Einmal kann nur der Heilige Geist, keine äußere Handlung, das echte Ver-

---

noster est; quicquid operatur, nostrum est" ib. m./u. ib. u. 50 o. – ThZ's I 33–42. – 31 „... argumentum robur in hoc consistere, quod Christus noster est et quod omnis eius actio nostra est." 49. u. – 32 „Nobis resurrexit, nostram resurrestionem orsus." Ib. m./u. – 33 Ib. 51 o./m. – 34 Ib. 51 o. – 35 Ib. 53 u. – 36 Ib. 53 m./u. – 37 Ib. 53–55. – G. W. LOCHER, Streit unter Gästen, 1972, 10f; 33–39, bes. 39–42. – 38 Ib. 54 m./u. ib. u.: „symbola gratiarum actionis". – 39 Ib. 54 u. – 40 Ib. 55 o. – 41 „Fidem, quae in deum fiducia est.

trauen auf Gott ins Herz senken[41]; die Erinnerungsfeier mag eine fides historica stiften – das „für uns" flößt nur der Geist ein – wieder zitiert Zwingli Joh. 6,44[42]. Auch bestätigt gerade die Mahnung des Apostels, sich zu prüfen, daß der Glaube zum Mahl bereits mitgebracht werden muß. Sodann würde die Behauptung, kraft der Konsekrationsworte sei der Leib Christi in Brot und Wein, zu dem Widersinn führen, daß der Herr, seit er den Aposteln vor seinem Sterben (!) das Mahl reichte, zwei Leibe habe. Überhaupt: je reiner der Glaube ist, desto zufriedener ist er mit dem geistlichen Genuß[43] – vor der leiblichen Nähe empfindet er mit Petrus und dem Hauptmann demütige Scheu.

Der alte Einwand, hier werde ein Abendmahl ohne Christus gefeiert, trifft also nicht zu. Wohl aber stellt sich die Frage, ob nicht die Betonung der geistlichen Verbindung mit Christus das Sakrament überflüssig macht. Gegen diesen Eindruck zählt Zwingli (*Abschnitt 12*) eine siebenfache Bedeutung (virtus, mittellateinisch: Heilkraft) des Nachtmahls auf; auch dies ein Fortschritt nach dem Marburger Gespräch und wohl zugleich eine Frucht der Gemeindepraxis seit 1525. Er nennt 1. die Einsetzung durch Christus und seine Teilnahme; 2. die Bezeugung des Faktums der Heilsgeschichte (res gesta); 3. die Vergegenwärtigung des Bezeichneten; 4. das Bewußtsein der Erhabenheit des Symbolisierten durch die „sakramentliche" Benennung; 5. die Analogie: wie das Brot den Leib, so stärkt Christus die verzagte Seele[44]; 6. die Unterstützung des Glaubens, indem die Sinne, Gehör, Gesicht, Gefühl, Geschmack seiner Kontemplation dienen; 7. die Verpflichtung zum Volk Gottes, auf Christus als das Haupt, auf die Gemeinde, seinen Leib. In diesem Zusammenhang sind die Einsetzungsworte sinnbildlich und metanymisch zu verstehen: „das ist mein sakramentlicher oder mystischer Leib, das heißt: des Leibes, den ich wirklich angenommen und in den Tod gegeben habe, sakramentales und stellvertretendes Symbol"[45]. Den Kern bilden die Punkte 2 und 3: die Objektivität des Heils und seine Vergegenwärtigung für das Subjekt. Den für Zwingli typischen Rahmen kennzeichnen aber immer noch die Punkte 6 und 7: der individualethische und der sozialethische Charakter der Feier. Bei aller Erörterung des „Das ist mein Leib" bleibt Zwinglis Verständnis bestimmt vom „Tut das" – plural! – „Tut das zu meinem Gedächtnis!"

Merkwürdigerweise *fehlt* eine Auslegung des *Credo in Spiritum Sanctum* beim Übergang zum Dritten Artikel – die Erwähnung bei der Trinität muß genügen[46]. Unbewußt wirkt sich hier gerade der fundamentale pneumatologische Grundzug in Zwinglis Denken aus[47]: alles Glauben vollzieht sich kraft Wirkung des Heiligen Geistes. *Abschnitt 13* nennt sogleich die *Kirche*. Die unsichtbare Kirche ist es, die in „Erleuchtung durch den Heiligen Geist Gott erkennt und faßt"[48]; ihr gehören alle Gläubigen an, letztlich nur Gott und sich selbst als solche offenbar. Die sichtbare Kirche bilden keineswegs nur die Römische Hierarchie, sondern alle, die den Christennamen tragen; sie birgt also auch Heuchler. Der vielen verstockten und aufrührerischen Elemente wegen, denen die Kirchenzucht keinen Eindruck macht, ist sie auf den Beistand der obrigkeitlichen Gewalt angewiesen; nur diese vermag Leute, die keine Scham kennen[49], in Schranken zu halten. Darum tragen z.B. bei

nemo nisi spiritus sanctus dat, nulla res externa" ib. 55 o./m. – **42** Ib. 55 o.-m. – **43** Ib. 56 o. – **44** „Quis enim ultra desperatione contabescat qui dei filium videt suum esse factum?" Ib. 57 o. Ebda eine zweite Analogie nach 1. Kor. 10,17. – **45** Ib. 58 m. – **46** So ausdrücklich die Predigt über das Apostolicum Z VI/I 488,16f. – **47** Ähnlich steht es mit der Trinitätslehre ThZ I 103–106. – **48** S IV 58 u. – **49** „Impudenter peccantes" ib., nach dem Zusammenhang: „die schamlosen Übertreter aller menschlichen und göttlichen Gebote" (CHRISTOFFEL 285). – **50** „Corrigimus et obiurgamus" S IV 59 m./u. – **51** „quibus ea provincia incumbit"

VIII. Hauptprobleme der Theologie Zwinglis nach der Professio (Expositio)   J 57

Jeremia auch Fürsten den Titel „Hirten". Dieser raschen Einräumung kirchlicher Kompetenzen an die weltlichen Behörden, in der sich Erfahrungen der Reformationsbewegung niederschlagen, steht die Integration der Regierungsverantwortung in die Ekklesiologie gegenüber: *Abschnitt 14* behandelt die *Obrigkeit* beim Kirchenbegriff. Die Aufzählung der drei klassischen Regierungsformen läuft darauf hinaus, daß die Reformation („wir") gemäß Röm. 13 je nach geltendem Recht Monarchie, Aristokratie oder Demokratie anerkennt, jedoch deren Degenerationen zu Tyrannei, Oligarchie und Anarchie mit scharfer Kritik entgegentritt[50] – was Zwingli nun wohl nicht zufällig am Beispiel der Monarchie exemplifiziert, obwohl er soeben ausführlich die Entartungen der Demokratie geschildert hat. Freilich bleibt man auch einem gottlosen Herrscher Gehorsam schuldig, bis Gott ihn entweder selbst entfernt oder solchen, denen dieses Amt obliegt[51], Rat und Weg zeigt, ihn abzusetzen. „Kurz: in der christlichen Kirche ist das obrigkeitliche ebenso nötig wie das prophetische Amt, obwohl letzteres höher steht[52]"; dies gemäß Jer. 1,10 und weil es sich verhält wie die Seele zum Leib im Menschen. – Zum Verständnis hervorzuheben ist die Eindeutigkeit, mit der hier die politischen Funktionen als die praktische Lebensform der christlichen Gemeinde erscheinen.

„Wir glauben, daß dem Menschen die *Vergebung* seiner *Sünden (Abschnitt 15)* durch den Glauben gewiß widerfährt, sooft er Gott durch Christus darum bittet"[53]. Dieses evangelische „durch Glauben" ist aber uneigentlich zu verstehen: der Glaube empfängt, der Mensch empfindet die Versöhnung. „So wie niemand den Glauben verleihen kann als der Heilige Geist, so auch die Sündenvergebung"[54]. Sie beruht nach 1. Joh. 2,2, Joh. 6,47 und Mt. 3,17 auf der Gnade Gottes und der Genugtuung Christi. Ihre Gewißheit ist ganz göttlich und ganz persönlich; eine menschliche Absolution, die mehr sein will als Verkündigung, ist leeres Gerede oder römischer Kunstgriff.

Der notwendige, ausführliche Anhang über die evangelische Lehre vom Verhältnis von *Glaube und Werken (Abschnitt 16)* enthält die gemeinreformatorische Abweisung des Vorwurfs der moralischen Gleichgültigkeit: der Glaube ist vielmehr, weil selbst Wirkung des Heiligen Geistes, spontan fruchtbar und tätig in guten Werken. Daneben zeigt die Argumentation aber zwei typisch Zwinglische Züge: 1. steht der Glaube im Gemüt dort, wo sonst bei uns Menschen der eigene planende Gedanke den Handlungen vorangeht und verleiht als Gesinnung dem „guten" Werk erst seinen Wert. Wäre das Werk noch so großartig – „was nicht aus Glauben kommt, ist Sünde" (Röm. 14,23). 2. betont Zwingli, daß nur der Glaube bereit ist, das Werk in Übereinstimmung mit Gottes Willen und Gesetz zu bringen, was ebenfalls unerläßlich zum „guten" Werk gehört: „Was ohne Gesetz, ist nicht aus Glauben"[55]. Wieder hält Zwingli die Einheit von Gnade und Gesetz fest, diesmal im Bereich der Ethik. Übrigens sind alle unsere „Verdienste" lauter Geschenke der Gnade.

Auferstehung und *ewiges Leben* werden zusammengefaßt. Es gibt zu denken, daß der weltzugewandte Reformator diesen *Abschnitt 17* mit der Bemerkung beginnt, das gegenwärtige „Leben" sei eher Gefangenschaft und Tod. Die Artikel lehren den sofortigen Eingang in Seligkeit oder Verlorenheit, schließen also die wiedertäuferische Lehre vom Seelenschlaf aus. Übrigens würde derselbe dem Begriff der Seele als reiner Aktion widersprechen, was im Stil des Renaissance-

---

ib. u. – 52 „Summa: In ecclesia Christi aeque necessarius est magistratus atque prophetia: utcunque illa sit prior". Ib. 60 o. – 53 Ib. 60 m. – 54 Ib. – 55 „Quae sine lege, hoc est sine verbo et voluntate dei fiunt: non sunt ex fide". Ib. 61 u. – 56 Ib. 64 m/u. – 57 Ib. 65 m. –

Weltbildes mit den vier Elementen erläutert wird: wie das Feuer unentwegt strahlt und wärmt, so wirkt die Seele ohne Unterlaß. Doch: „genug philosophiert!"[56] Die zahlreichen biblischen Belege entstammen wie zu erwarten zumeist dem Joh.Ev.: „Wer glaubt, hat ewiges Leben" (6,47) usw. „Wir glauben also, daß sich die Seelen der Gläubigen, sowie sie aus dem Leibe scheiden, sogleich zum Himmel emporschwingen, mit Gott vereinigt werden und ewige Freude genießen. Hier darfst du hoffen, frommer König, ... vor allem Gott selbst zu schauen ..."[57] Die Bedingung[58] in dieser plötzlichen persönlichen Anrede: „daß du nach dem Beispiel Davids, Hiskias und Josias die dir von Gott anvertraute Regierungsgewalt ausgeübt hast"[59], d.h.: eine Reformation durchführst. Es folgt die Verheißung des Eintritts in den Kreis der Vollendeten mit der berühmten Aufzählung von biblischen und heidnischen frommen Helden[60] – das anschaulichste Zeugnis für die Freiheit des Heiligen Geistes[61]. „Kein rechtschaffener Mann, kein heiliges Gemüt, keine gläubige Seele" wird fehlen. Theologisch fallen hier so sehr wie die Namen die Begegnungen als solche ins Gewicht. Der Reformator der Gesellschaft richtet auch seine Jenseitserwartung nicht nur auf die individuelle Gottesschau, sondern ersehnt die Gemeinde mit ihrem Austausch. „Auf welches Ziel könnten wir all unsere Seelenkräfte so sinnvoll richten wie auf den Gewinn solchen Lebens?"[62]

Gesellschaftlich bringen die erwähnten *Täufer (Abschnitt 18)* mit ihrer politischen Abstinenz die Reformation in Verruf. Namens der Prädikanten der Burgrechtsstädte distanziert sich Zwingli scharf von ihnen. „Sie haben sich von uns getrennt, weil sie nicht zu uns gehörten"[63]. Er stellt sie als scheinheilige, auf Geld erpichte Schönredner dar: ein Christ könne kein obrigkeitliches Amt verwalten, unter keinen Umständen töten, keinen Eid leisten, keine Steuern erheben; aller Besitz müsse gemeinsam sein; ein Mann könne „im Geist" auch fleischlich mehrere Frauen haben; Zehnten und Zinsen müßten nicht entrichtet werden. Zwinglis Angaben sind sorgfältig formuliert; der Leser merkt: er könnte sie mit bestimmten Vorgängen belegen[64]. Trotzdem ist das aus Auswüchsen zusammengestellte Bild ungerecht; die glühende Laienfrömmigkeit und das Ziel der reinen Gemeinde kommen nicht einmal ins Blickfeld. Der Hinweis, daß dort, wo es „den Päpstlern" gelinge, die „Renaissance des Evangeliums" zu ersticken, das täuferische „Unkraut" desto wilder sprossen und heillose Verwirrung stiften werde, beruhte aber zweifellos auf realen Befürchtungen.

Einige prinzipielle *Schlußsätze* (wir zählen sie als *Abschnitt 19*)[65] konstatieren knapp die formale Grundlage des beschriebenen Glaubens: „Wir lehren nicht ein Jota anders, als wir es aus Gottes Wort[66] gelernt haben." Dabei bewegen wir uns in der noch unverfälschten Tradition der vornehmsten ältesten Apostel und Kirchenlehrer.

---

58 In den Berichten über diesen berühmten Passus meist übergangen. – 59 „Hic tibi sperandum est, o piissime Rex, si modo instar Davidis, Ezechiae et Josiae rerum summam a deo tibi creditam moderatus fueris, te visurum esse, primum numen ipsum ..." S IV 65 m. – 60 „Beide Adame, der erlöste und der Erlöser"; Abel, Henoch, Noa, Abraham, Isaak, Jakob, Juda, Moses, Josua, Gideon, Samuel, Pinchas, Elia, Elisa, „Jesaja und die von ihm vorhergesagte jungfräuliche Gottesmutter", David, Hiskia, Josia, der Täufer, Petrus, Paulus; Herkules, Theseus, Sokrates, Aristides, Antigonus (zweifellos König Antigonos Gonatas von Makedonien, 276–239, ein edler Stoiker), Numa, Camillus, die Catonen, die Scipionen, Ludwig der Fromme, deine Vorgänger: die Ludwige, Philippe, und alle deine Ahnen, die im Glauben verschieden sint." Ib. 65 m–u. – 61 R. PFISTER, Die Seligkeit erwählter Heiden bei Zwingli, 1952. HZnS 152f. – 62 S IV 65 u. – 63 Ib. 66 o./m. – 64 Näheres: In catabaptistarum strophas elenchus, 1527, Z VI/I 1–196. – 65 S IV 67 o. – 66 Ib. „Oracula divina" wie bei Erasmus die Heilige Schrift. – 67 Ib. 67 u. – 68 Kein Bericht über Zwinglis Gedankenwelt

VIII. Hauptprobleme der Theologie Zwinglis nach der Professio (Expositio)

Das persönliche *Schlußwort an den König (Abschnitt 20)* appelliert an die Verantwortung, die ihm sein Titel als Rex christianissimus auflegt. Es wirbt um die Freigabe der evangelischen Predigt und ruft trotz deutlichen Anspielungen an die politischen Vorteile eines Vorgehens gegen den „Antichristen" doch würdig und stolz zum Glauben auf, dessen das Werk bedarf: „Der Herr schützt seine Kirche"[67].

4. Eine *Kennzeichnung* dieser Theologie wird u. a. folgende Züge hervorheben:
1) Die stete, lebendige Verwurzelung[68] in der Heiligen Schrift, gewachsen aus der unausweichlichen Aktualität ihrer Botschaft[69] von der Erlösung und Erneuerung durch Jesus Christus. Dabei treten beim reifen Zwingli als Leitlinie das Johannesevangelium, Römer 8, der Hebräerbrief und der Prophetismus Jeremias in den Vordergrund.
2) Die Ehrlichkeit und Natürlichkeit der Berufung auf das altkirchliche Dogma, rezipiert auf der Linie Augustinischer, Anselmischer und Thomistischer Tradition. Hier sind der Gottesbegriff, die Trinitätslehre, die Christologie, die Satisfaktionstheorie und die Eschatologie hervorzuheben.
3) Der reformatorische Impetus (Gnadenzuspruch wie Lebenserneuerung) tritt nicht als eigenes Element zu dieser Orthodoxie hinzu, sondern wächst aus ihrem biblisch-kritisch bestimmten Neuverständnis heraus.
4) Die Neuerfassung des Evangeliums und seiner entscheidenden Rolle in der Krise der Gesellschaft und der Kirche schlägt sich sinngemäß im pneumatologischen Charakter dieser Theologie nieder. Geistbetont werden besonders der Gottesbegriff, die Christologie mit ihrem Vorrang der göttlichen Natur, die Ekklesiologie, die Sakramente; und sowohl Erwählung wie Universalismus erwachsen aus der Freiheit des Heiligen Geistes.
5) Der Heilige Geist richtet die reformatorische Alternative auf. Der evangelische Glaube öffnet sich Gottes Geist und ergreift seine Gnade. Die Reformation wendet sich gegen die Kreaturvergötzung, gegen das Vertrauen auf menschliche Autorität, auf Riten und res externae, gegen die superstitio[70]. Werkgerechtigkeit und Verdienstlehre sind in der ungeistlichen, falsa religio inbegriffen.
6) Pneumatologisch bestimmt ist auch das Zeitbewußtsein der Bewegung als evangelium renascens, ja Christus renascens ac redux[71].
7) Dem Verständnis der Gottheit des Heiligen Geistes entsprechen sowohl der radikale Heilsobjektivismus (res gesta) wie die radikale Subjektivität des Heilsempfangs (contemplatio fidei). Beide treten in der Lehre vom Nachtmahl deutlich ans Licht.
8) Trotz solcher das Mystische und das Jenseitige streifenden Perspektiven liegt das Ziel des Evangeliums im christlichen Leben des Volkes. In Zwinglis Ethik bestimmt die Heiligung der Gemeinde die des Einzelnen mehr als umgekehrt. Sie ist ein sozialer, sogar ein politischer Prozeß.
9) Schließlich sei die Vermeidung persönlich-biographischer Elemente im Aufbau dieser Theologie festgehalten, obwohl sie nicht beim „Wort" haltmacht, sondern auf dauernde innere Erfahrung (experientia) dringt. Um so stärker wirkt sich die prägende Kraft städtisch-genossenschaftlicher Gesinnung aus.

---

kann den Reichtum lebhaft eingebauter biblischer Aussagen und die organische Beziehung zur anschaulichen Einzelexegese wiedergeben. – **69** Für Zwingli beginnt die Reformation mit der Zuwendung zur Bibel. S. o. Kp. III und GWL ZKG 178, 31–35. – **70** S IV 67 m./u. – **71** Ib. 66 u. 67 m. – HZnS 75–104: Zwinglis Geschichtsbild.

IX. Der Abendmahlsstreit

WK I. II. E. SEEBERG: Der Gegensatz zwischen Zwingli, Schwenckfeld und Luther. R. Seeberg-Fs. 1929, 43–80. E. BIZER: Studien z. Gesch. d. Abendmahlsstreits im 16. Jh., 1940 Nachdr. 1960). H. GOLLWITZER: Zur Auslegung von Joh. 6 bei Luther u. Zwingli. E. Lohmeyer-Ged.-schr. 1951, 143–168. H. GRASS: Die Abendmahlslehre bei Luther und Calvin. 2. A. 1954. J. STAEDTKE: Voraussetzungen d. Schweizer Abendmahlslehre (1960), in: DERS.: Reformation und Zeugnis der Kirche, 1978, 51–64. DERS.: Art. Abendmahl III/3 Reformationszeit, TRE I/1 1977. G. W. LOCHER: Grundzüge d. Theol. Zwinglis ... HZnS 1969. DERS.: Streit unter Gästen 1972. ST. N. BOSSHARD: Zwingli-Erasmus-Cajetan, Die Eucharistie ... 1978. E. GROETZINGER: Luther u. Zwingli 1980. H. BORNKAMM: Martin Luther in der Mitte seines Lebens, hg. v. K. BORNKAMM, 1979, Kp. XIX. –

1. Anfänge

Die Deutung der *Messe* befand sich im *Spätmittelalter* in der Schwebe. Die Transsubstantiationslehre stand in Kraft, galt aber nicht als das letzte Wort. Der Nominalismus war zur Behauptung einer quantitätslosen, ubiquitären Realpräsenz übergegangen; aber thomistische Tradition, Mystik, Devotio moderna, ferner Wicliff und vielleicht die Waldenser, sodann Erasmus betonten in verschiedenen Formen und Graden die Notwendigkeit geistlicher Nießung. Das gilt auch für *Luthers* frühe Schriften. Seit 1522 unterstreicht Luther allerdings die Einsetzungsworte als Promissio des Testaments.

Die wichtigsten Einwände der *Reformation* gegen die römische Messe betrafen a) die Transsubstantiation und b) den Opfercharakter.

Zwingli erklärt im 18. Artikel vom Januar 1523 öffentlich[1], die Messe sei kein Opfer, sondern ein „Widergedächtnis" des Opfers Christi; sonst würde sie die Endgültigkeit des Kreuzopfers antasten. Im Stillen, so teilt er mit, habe er „seit etlichen Jahren" so gelehrt[2]. Auch die Transsubstantiation sei eine „Erdichtung"[3]. Leugnet er damit jedwede Realpräsenz, auch im Sinne der Consubstantiation? Die Auslegung (Sommer 1523) beruhigt: „Man strytet hie nit, ob der fronlychnam und bluot Christi geessen und truncken werde (dann daran zwyflet dheinem Christen)"[4]. Aber vor und nach diesem Satz identifiziert Zwingi dieses „Essen" gemäß Joh. 6 mit „Glauben"[5]. Im Commentarius 1525 wird er dann seine anfängliche Vorsicht begründen[6]. Bis dahin hat er sich längst offen ausgedrückt.

2. Zwinglis exegetische Erkenntnisse 1524/25

Von Joh. 6 aus rang Zwingli mit dem Wortlaut der *Einsetzungsworte*. Die Frage, „in qua voce tropus lateret"[7] beantwortete ihm die Abhandlung[8] des *Cornelis Hendrixzoon Hoen*[9], Advokat im Haag. Die Überbringer Johannes Rhode[10] vom Bruderhaus Utrecht und Georg Saganus[11], in Wittenberg 1521 von Luther

---

1 Z I 460, 5–10. – 2 Z II 137, 32. VIII 87, 36 ff. 88, 7. – 3 Z II 144, 13 ff. – 4 Ib. 128, 9–11. – 5 Ib. 43, 7 ff. 141–144. – 6 Z III 773–775 (H X 58–60). W. Köhler (WK I 34), F. Blanke (RGG³ VI Sp 1955) u. a. behaupten, daß Zwingli 1523 noch an einer leiblichen Realpräsenz festhalte. Diese Interpretation scheitert am Brief an Wyttenbach von 15. Juni 1523 (Z VIII 84–89) und an der einleuchtenden Retractatio des Commentarius Z III 774, 19). – Grötzinger vermutet in seiner sonst erhellenden Untersuchung, Zwingli sei sein Gegensatz zu Luther erst Ende 1524 bewußt geworden. Cf. aber ZwRef 285–290. – 7 Z IV 560, 2, 21. V 738 f. – 8 Z IV 505–519. – 9 RGG³ III 411. – 10 Ib. V 1135. – 11 Unbekannt. – 12 Zeitpunkt

abgewiesen, wurden im Herbst 1524[12] von Zwingli und Jud in Zürich freudig aufgenommen. Hoen gehörte zu den Wesel-Gansfoortschen Kreisen, die auf geistliche Erfahrung drängten. „Est" im Sinne von „significat" aufgefaßt – das war die „köstliche Perle"[13]. Im November 1524 trug Zwinglis Brief an Alber[14] die Deutung in weite Kreise. Im Sommer 1525 gab Zwingli den Hoen-Brief, um einen Zusatz erweitert, nach Humanistenmanier anonym heraus[15].

In der Frühe des 13. April 1525 wies den vom Problem umgetriebenen Reformator ein Traumgesicht auf *Ex 12,11*: „Das Opferlamm ‚ist' ein Passa (Übergang) für den Herrn." Bei der Bestrafung Ägyptens wurde Israel „übergangen". Also: ebenfalls eine Gedenkfeier für eine ewiggültige Befreiung; ebenfalls eingesetzt vor dem Ereignis[16].

3. Der Brief an Matthäus Alber 1524

Im Herbst 1524 schleuderte *Karlstadt*, erbittert durch seine Vertreibung, von Basel aus fünf Traktate gegen Luther, in denen er die Realpräsenz bestritt; darunter den schärfsten „Ob man gemach faren soll". Das war der Beginn des Abendmahlsstreits[17]. Die Aufregung war gewaltig. Luther schlug im Dezember 1524 und Januar 1525 zurück mit den beiden Teilen „Wider die himmlischen Propheten"[18], deren Polemik das übliche Karlstadt-Bild bis heute bestimmt. Luther sah in Karlstadts radikalem Reformeifer Werkgerechtigkeit.

Nun lag die Ähnlichkeit der Karlstadtschen Abendmahlslehre und derjenigen Zwinglis auf der Hand[19]. Darum war Luther den Schweizern gegenüber hinsichtlich ihrer ganzen Lehre mißtrauisch[20].

Um Mißverständnisse auszuräumen und dem Frieden zu dienen beantwortete Zwingli eine gerade an ihn ergangene Anfrage aus Reutlingen mit dem unter Humanisten geläufigen Mittel eines zunächst ungedruckten Offenen Briefs an den dortigen, melanchthonisch gesinnten Reformator *Matthäus Alber*[21]. Dieser teilte die Lehre der meisten Oberländer: Er hielt an der sakramentalen Gabe fest, lehnte jedoch die lokale Präsenz in den Elementen ab[22]. Zwinglis *Epistola*[23] wurde fleißig kopiert[24] und verbreitet. Sie lobt an Karlstadt, daß er das Schwergewicht auf den Glauben an Christus legt, grenzt sich aber von seiner unklaren Exegese ab. Luther bleibt ungenannt, doch schon der Einsatz mit Joh. 6 richtet sich gegen die Babylonica[25]. Inhaltlich ist Zwinglis Lehre fast fertig: Christus zielt auf geistliche Nießung, d. h. Glauben. „Est" meint gemäß biblischen Parallelstellen und Väterzeugnissen „significat". Brot und Wein sind Symbol, nicht einmal mehr Pfand; unser Heilspfand ist Christus selbst in unsern Herzen[26]. Scharf arbeitet der Zürcher die

---

ungewiß. – 13 Z IV 560,28. – 14 Z III 345. – 15 Anonymität diente der Sachlichkeit. – 16 Z IV 483,14. – 17 So bereits die Zeitgenossen; ZwRef Kp. XV Anm. 93 f. – 18 WA 18, 37 ff. 126 ff. – 19 Z VIII 252, 1 ff. – 20 Z III 327. – 21 Z VIII 51. M. BRECHT: Matthäus Albers Theologie, BlWttbg KG 1962, 63–97. – 22 G. BOSSERT RE³ I 290. – 23 Die Nachrede, der Brief sei Alber nicht zugestellt worden (W. WALTHER, Die Schweizer Taktik gegen Luther im Abendmahlsstreit. In: Zur Wertung der deutschen Reformation. 1909) beruhte auf Verleumdung. Z VIII 531. M. BRECHT: Hat Zwingli seinen Brief an Matthäus Alber über das Abendmahl abgesandt? ARG 1967, 100 ff. Sie scheitert ferner an Zwinglis Erklärung nach Straßburg Z VIII 275, 26 ff. und daran, daß Zwingli kurz vorher und nachher gegen Emser und Faber öffentlich den Vorwurf eines „ungesandten Sendbriefs" erhebt Z III 230. 242. 758. V 34 ff. Näheres ZwRef Kp. XV Anm. 127. – Die Vermutung, das Schreiben sei anonym ausgegangen (u. a. WK I 78), dürfte ihn mit dem Druck des Hoen-Briefs verwechseln. – 24 Z IV 558, 23; „mehr als 500 Brüdern". – 25 WA 6, 502. – 26 Z III 339, 34–36. 345, 1 ff. 341, 20 ff. – 27 Ib. 342, 37 ff. 340, 14 ff. 351, 25 u. ö. – 28 Ib. 340, 21 f. – 29 De sacramentis

eigentliche Alternative in seiner Sicht heraus: Glaubens-Inhalt ist entweder Christi stellvertretendes Sterben – oder die Anwesenheit seines Leibes im Sakrament [27]. Dahinter steht eine Christologie, die Joh. 3,6 auch auf die Leiblichkeit des Herrn bezieht und dementsprechend seiner Gottheit das Übergewicht verleiht [28]; demgegenüber geht Luthers Lehre von der Inkarnation aus.

4. Aus Commentarius und Subsidium 1525

Der *Commentarius* 1525 führt aus [29], wie Gott allein Sünden vergibt und Glauben stiftet oder stärkt. Die Freiheit des Heiligen Geistes läßt sich nicht an menschliche Handlungen binden [30]. „*Sakrament*" kann somit nur „öffentliche Verpflichtung" heißen. Die Bedeutung der „Eucharistie" [31] liegt darum in Danksagung, Gemeinschaft und Verpflichtung. Keine Auslegung darf gegen den „unzerbrechlichen Diamanten" [32], Joh. 6,63, verstoßen. Es ist der Glaube, nicht die Ratio, der den wörtlichen Sinn der Einsetzungsworte nicht erträgt [33]. Darum steht hier, wie oft in der Bibel [34], „ist" für „bedeutet". „Christus non esus sed caesus nobis est salutaris." [35] Das *Subsidium* [36] vom August 1525 macht geltend, daß der zur Rechten im Himmel Sitzende nicht im Brot weilen kann. Hauptargument ist hier jedoch der Glaubensbegriff: der fiducia, nicht der credulitas ist das Heil verheißen [37]. Darum sind die Einsetzungsworte nach der analogia fidei [38] zu verstehen. – Das Subsidium, knapp, klar, bald übersetzt und rasch verbreitet, erzeugte die ersten heftigen lutherischen Reaktionen.

5. Oekolampad. Das Syngramma [39]

Johannes Oekolampadius [40], geb. 1482, aus dem fränkischen Weinsberg, kam von Wimpfelings pädagogischer Reform her. In Augsburg 1518 in den Streit um Luther geraten, in seelischer Not Mönch geworden, entwich er 1522 dem Kloster Altomünster, nachdem er eine Kritik der Beichte veröffentlicht hatte. Seit November 1522 wirkte er in Basel, bald bei Erasmus als Übersetzer von Kirchenvätern, seit 1523 an der Universität, daneben seit 1525 als Pfarrer zu St. Martin, seit 1529 am Münster. Als Reformator Basels entwickelte er sich im Abendmahlsstreit zu Zwinglis wichtigstem, gelehrtestem Mitkämpfer. Von Anfang an zielte er nicht nur auf Glauben, sondern auf Nachfolge und Christus-Kontemplation. Diese Frömmigkeit maß dem Sakrament keine zentrale Bedeutung zu [41].

Seit Januar 1523 vertrat Oekolampad die Realpräsenz nicht mehr. Seine *Genuina Expositio* (Straßburg 1525) bezeichnet Petrus Lombardus (Sent. Lib. IV Dist. X) als den Urheber des Irrtums. Das Herrnwort „Das ist mein Leib" sucht unsere „spiritualis manducatio carnis in fide." Lange Texte aus zahlreichen Kirchenvätern bestätigen das. Die Lehre von einem Corpus Christi impanatum wäre ein Novum – eine Anspielung an den ungenannten Luther, der den Ausdruck akzeptiert hatte [42].

Z III 757–762. – 30 Ib. 761,4f. – 31 Ib. 773–820. – 32 Ib. 816,28. – 33 Ib. 792,19f. – 34 Ib. 795ff. – 35 Ib. 780,11. – 36 Z IV 440–504. – 37 Ib. 467. 491f. 495f. – 38 Ib. 493,30ff. – 39 STAEHELIN, Lebenswerk. – ST. BrA. – W.H. NEUSER: Die Abendmahlslehre Melanchthons ... 1519–1530, 1968. – O. FRICKE: Die Christologie des J. Brenz. 1927. H. HERMELINK: J. Brenz als ... Theologe, 1949. – M. BRECHT: Die frühe Theologie des Joh. Brenz, 1966. – 40 Aus mittelrheinisch Hus-chin (Häuschen) wurde Hus-schin. StBrA I 605ff. – 41 St. Lebenswerk 155. 267. – 42 WK I 119. – 43 H. RUECKERT: Joh. Brenz. In: H.R.:

IX. Der Abendmahlsstreit

Bei Oekolampads bisherigem Ansehen in Süddeutschland war die Aufregung heftig. Sie schlug sich nieder in dem von *Johannes Brenz*[43] redigierten *Syngramma Suevicum* (1526), das Luthers Wortbegriff auf die Einsetzungsworte anwendet: Das Wort bringt seinen Inhalt mit. Oekolampads *Antisyngramma* erhob den Vorwurf der Idolatrie: Gott ist keiner andern Kreatur als der Menschheit Christi verbunden. Noch mehr verschärft wurde die Stimmung durch *Luthers Vorwort* zu Johannes Agricolas Übersetzung des Syngramma[44]. Es erklärte unter Namensnennung die Lehren Karlstadts, Zwinglis, Oekolampads und Schwenckfelds als vom Teufel eingegeben und ihre Auslegung von Joh. 6 als Satanskunst. Ein solches Urteil, öffentlich ausgesprochen, ließ sich im 16. Jahrhundert nur unter schwerer eigener Beschämung zurücknehmen. Dieser Zwang lag auf dem Fortgang der Debatte[45].

6. Aus dem Schriftenstreit bis 1529

Wir beschränken uns auf bezeichnende Einzelheiten des Streitgesprächs *Zwinglis* mit *Luther*. Für die Atmosphäre, in der diese im Süden erlebt wurde, fielen vier Tatsachen ins Gewicht. a) *Erasmus*, auf den sich Oberdeutsche wie Katholiken beriefen, erklärte, die Kirchenlehre nie bestritten zu haben. Für feine Geister hatte er sie allegorisiert. Eine Aktion Pellikans, Zwinglis und Juds zitierte seine einstige Betonung des geistlichen Essens und setzte ihn damit außer Gefecht[46]. b) Zwinglis katholische Gegner in der Schweiz vertraten eine Konsubstantionslehre ähnlich derjenigen Luthers[47]. c) In der Flut des Schriftenwechsels solidarisierten sich *Bucer*[47a] und *Capito* mit Zwingli und Oekolampad. Dabei wollte Bucer mit seiner deutschen Übersetzung von Bugenhagens Psalmenkommentar und den Anmerkungen zu seiner lateinischen Übersetzung von Luthers Postille die Lutheraner zu ihrer früheren Betonung der Geistlichkeit des Sakramentsempfangs zurückrufen[48]. Er übersah, daß Luther die Realpräsenz nie bezweifelt hatte. Luther war tief gekränkt. d) Oekolampad und Zwingli schrieben Vorworte zu Schwenckfeld-Traktaten[49], wobei sie ihre Differenz zu ihm unterschätzten.

Die literarische Fehde, von Luther mit steigender Grobheit, von Zwingli nach Humanistenart nicht ohne verletzende Ironie geführt, umfaßt zur Hauptsache folgende Titel.

1. März 1526. Luthers Vorrede zu Agricolas deutscher Ausgabe des Syngramma[50].

2. September 1526. Verschärftes Vorwort Luthers[51] zur neuen, erweiterten Übersetzung des Syngramma (wahrscheinlich von Bugenhagen). Trägt die Ubiquitätslehre vor.

3. Ende September/Anfang Oktober 1526. Luthers Sermon von dem Sakrament des Leibs und Bluts Christi wider die Schwarmgeister[52]. Bisher habe er nur vom Glauben geschrieben, jetzt von der Sache. Das Hauptargument: „Es steht geschrie-

---

Vorträge ... 1972. – M. Brecht: Joh. Brenz, 1971. – 44 WA 19,447. – 45 Luther hat seinen Fluch mehrfach wiederholt, u. a. in Vom Abendmahl Christi, Bekenntnis 1528. – 46 WK I 137–145. – ZwRef Kp. XV, 7. – 47 Zwingli: Klare Unterrichtung, Febr. 1526 (Z IV Nr. 75): gegen Am Grüt, Faber, Eck, Cajetan, Sadolet. Responsio brevis (Z V Nr. 96) gegen Edlibach. – 47a M. Greschat: Der Ansatz d. Theol. M. Bucers. ThLZ 1978, 81–96. – 48 WA 19,469ff. – I. Hazlett: The development of Bucer's thinking on the sacrament ... 1523–34, 1977. – 49 ZVI/II 249–259. – 50 WA 19,447. – 51 WA 19,524ff. – 52 WA 19,474ff. – 53 Z V 548–758. – 54 G. W. Locher: Die Deutsche Ref. aus Schweizer

ben". Leib und Blut werden Hauptgabe, Sündenvergebung Beigabe. Luther betont seine Übereinstimmung mit den Papisten.

4. Ende Februar 1527. Zwingli: Amica exegesis, id est expositio eucharistiae negotij ... ad Martinum Lutherum[53]. Freundlich, gelegentlich spöttisch. Richtet sich gegen das Syngramma, während der „Sermon..." schonend besprochen wird. Die Anerkennung Luthers („Du hast den römischen Eber getötet") ist ebenso ehrlich wie die Kritik an seiner „Rückschrittlichkeit" in Sachen Bilder und Beichte[54]. Da der Glaube Gott ergreift, gelangt er auch nach Zwingli zu einer Realpräsenz: mentalis sive spiritualis, nicht corporea. Neben den exegetischen führt Zwingli seine christologischen Argumente an; dabei legt er Wert auf die Stilform der „Alloiosis".

5. Ende März 1527. Zwingli: Fründlich verglimpfung ... über die predig des trefflichen Martini Luthers wider die schwermer[55]. „Es muß geist, nit fleisch sin, das die seel läbendig macht." Gegen die lutherische Lehre vom glaubenschaffenden Wort: Glaube ist eine Gabe des Heiligen Geistes, die sich dann im Wort wiederfindet.

6. 1. April 1527. Begleitbrief Zwinglis an Luther[56] zu den beiden letztgenannten Schriften. Von Luther als Drohung aufgefaßt.

7. April 1527. Luther: Daß diese Worte ... feststehen wider die schwarmgeister[57]. Der Text „bleibt stehen wie ein Fels". Die Rechte Gottes ist seine Allgegenwart „auch in dem geringsten baumblatt". Die besondere Gegenwart Gottes im Sakrament: „wenn er sein wort dazu tut und bindet sich damit an und spricht: hie soltu mich finden". Daraus folgt die manducatio infidelium. Frucht des Sakraments ist auch unsere anhebende Verwandlung, denn Christi Fleisch ist unvergänglich.

8. 8. Juni 1527. Oekolampad: Das der mißverstand ... Luthers ... nit bestehn mag[58]. – Daß die dextera Dei Gottes Allgegenwart bedeutet, wissen die Schweizer auch. Das hebt nicht auf, daß Christus nach seiner menschlichen Natur in der Seligkeit des Himmels weilt, worauf unsere Hoffnung beruht (Phil. 3,21).

9. 20. Juni 1527. Zwingli: Daß dise wort ... ewigklich den alten eynigen sinn haben werdend[59]. Mit Widmung an Kurfürst Johann den Beständigen von Sachsen: Die oberdeutschen Theologen sind keine Aufrührer; ihre Bücher zu verbieten ist unrecht. Nachweis der tropischen Redeweise in der Bibel. Alloiosis gegen Idiomenkommunikation.

10. März 1528. Luther: Vom Abendmahl Christi. Bekenntnis[60]. Im Ton grob, gedanklich tief. Setzt gegen Zwinglis nestorianisierende Christologie die seinige, die einen neuen Monophysitismus streift. Die Einheit von Brot und Leib Christi heißt jetzt unio sacramentalis. Erstmals taucht die Formel „in, mit, unter" auf. Das „Bekenntnis" ist gegen die beginnenden Unionsbemühungen gerichtet.

11. Ende August (Vorwort 1. Juli) 1528. Zwingli und Oekolampad: Über ... Luthers Buch, Bekenntnis genannt ...[61]. Hinter dem scharfen Ton sind Annäherungsbemühungen bemerkbar. Luthers Abendmahlslehre verrate Heimweh nach dem römischen Mittelalter. Die Einsetzungsworte sind nach der analogia fidei auszulegen.

Sicht, ZKG 1978, 31 ff. – 55 Z V 759–794. – 56 Z IX 78–81. Übs. GWL bei Gloede. – 57 WA 23, 39 ff. – 58 Staehelin, Lebenswerk 314 ff. – 59 Z V 795–977. – 60 WA 26, 252 ff. – Cl III 352 ff. – 61 Z VI/II 1–248. – ST. Lebenswerk 320 ff. – 62 W. KOEHLER: Das Marburger Religionsgespräch 1529, Versuch einer Rekonstruktion, 1929. (Bespricht auch die Quellen.) – G. MAY (Hsg.): Das Marburger Religionsgespräch 1529. 1970 (Lit.). – ST. Lebenswerk 1939. – WK II, 1953. – E. BIZER: Studien zur Geschichte des Abendmahlsstreits

7. Das Marburger Gespräch 1529 [62]

Den *Gedanken eines Einigungsgesprächs*, „fast so alt wie die Differenz selbst" [63] und längst verhandelt, erwog der begabte Landgraf *Philipp von Hessen* seit dem Ersten Speyrer Reichstag 1526; seit dem Zweiten mit der Protestation am 19. April 1529 verfolgte er ihn energisch. Er war sich, wie die Reichsstädte, der politischen Implikationen der Reformation und der Gegnerschaft des Kaisers bewußt und betrieb die Einigung zur Verteidigung der „teutschen Libertät" wie des Protestantismus. Die Verbindung mit den Schweizern wünschte er indirekt, über Straßburg. Aber für Luther war jede militärische Verteidigung des Evangeliums eine Versuchung, für den reichstreuen Melanchthon zudem ein Zusammenschluß mit Abtrünnigen undenkbar. So machte Kursachsen das Bündnis von einem gemeinsamen Bekenntnis abhängig. Dementsprechend legten sich Luther und seine Freunde am 16. September auf eine Artikelreihe [64] als Bündnisbedingung fest, die den Gesprächspartnern zum voraus nur das Nachgeben übrig ließ.

Die Debatten in *Marburg* vom 30. September bis 5. Oktober 1529 brachten inhaltlich wenig neues. Jeder beharrte auf seinem Standpunkt. Allerdings wurden Mißverständnisse ausgeräumt und gab es bemerkenswerte Phasen. So gestand Melanchthon Zwingli gegenüber die Gleichung Glauben = geistliche Nießung zu. Luther und Zwingli diskutierten vor 60 geladenen Gästen, und zwar deutsch [65]. Das berühmte „Est", von Luther mit Kreide auf den Tisch geschrieben, war vom Samt überdeckt. Luther verbat sich Argumente der Vernunft und velangte den Beweis, daß die Einsetzungsworte figürlich verstanden werden müßten, nicht nur könnten. Zwingli kannte nur eine manducatio spiritualis. Die wahre Menschheit Christi verlange im Abendmahl den Tropus. – Die *Kompromißversuche* [66] hinter den Kulissen waren nicht aussichtslos, besonders der zweifellos von Luther selbst stammende vom Abend des 4. Oktober: „Der Leib Christi im Abendmahl, nicht allein in der Menschen Gedächtnis." Nur die Vieldeutigkeit der Formel und die Tatsache, daß die Öffentlichkeit sie massiv verstanden hätte, verhinderte, daß Zwingli sie annahm [67].

Der *Abschied,* anfangs freundlich, verlief bitter. Luther vermochte nur christliche, nicht brüderliche Liebe zu versprechen. Oekolampads Bitte, den Schaden der Kirche zu bedenken, empfand er als Vorwurf; er reagierte: „Bittet Gott ut resipiscatis!" [68] Oekolampad: „Bittet auch Ihr, Ihr habt es ebenso nötig!" Darauf folgte die Verweigerung einer Ehrenerklärung an Straßburg und, an Bucer gerichtet, aber die Schweizer einschließend: „Ihr habt einen andern Geist als wir."

Daß als Ergebnis immerhin die XV Artikel [69] vorlagen, ist die Beharrlichkeit des Landgrafen und Luther zu verdanken. Nur Luthers Autorschaft konnte den er-

---

... 1940. Nachdruck 1962. – W. H. NEUSER: Die Abendmahlslehre Melanchthons ... 1519–1530. 1968. – F. BLANKE: Einleitungen in Z VI/II. 1968. – W.H. NEUSER: Motive der evangelischen Bekenntnisbildung ... In: Festschrift Stupperich. 1969. – R. HAUSWIRTH: Landgraf Philipp von Hessen und Zwingli. 1968. – H. BORNKAMM: Martin Luther in der Mitte seines Lebens ... hg. K. BORNKAMM. 1979. – 63 H. v. SCHUBERT: Bekenntnisbildung und Religionspolitik 1529/30. 1910. – E. KOCH: Marburg 1529. In: Die Zeichen d. Zeit 1979, 451–456. – 64 Die später sogenannten „Schwabacher Artikel". In BELK bei CA. – 65 Zwingli hätte lieber lateinisch, aber bei freiem Zutritt verhandelt. OF IV 364. – 66 In ZwRef 325–327 interpretieren wir die Quellen WKRek 130 ff. anders als WK II 112–119. – 67 Bericht Osianders WKRek 132 m. Schieß I 539. – 68 WKRek 126. WABr 154 f. WK II 112 übersetzt „daß ihr wieder zur Einsicht kommt". Aber resipiscentia heißt im Kirchenlatein seit Laktanz „Bekehrung". – 69 BRZ Nr. 258. Z VI/II Nr. 146. – 70 Auch deswegen das

währnten, später sogenannten „Schwabacher Artikeln" die Spitze bieten. Es blieb der „Schwabacher" Grundriß. Die Oberländer erkannten, daß Luther sich bemühte, das Gemeinsame zu formulieren. So bestanden sie nur auf einer Reihe, freilich wichtiger, Zusätze. Die Aufzählung der Übereinstimmungen, auch zum Abendmahl, wirkt eindrücklich. Nach Erwähnung der Differenz in Artikel XV setzte Philipp die Zusicherung „christlicher" Liebe durch, ferner die mündliche Zusage des Verzichts auf Polemik. Das war viel. Vom Bündnis war offiziell nicht mehr die Rede. Immerhin hatte Zwingli Bündnisbereitschaft auch bei Lehrunterschieden gefordert[70].

Luther schrieb sich den Sieg zu. Die Gegner hätten nur Vernunftargumente gebracht. Bald wurde im lutherischen Lager das oberländische Friedensangebot als Kapitulation und dessen Verweigerung als Triumph der Wahrheit gewertet[71]. *Zwingli* fühlte sich ebenfalls als Sieger. Jeder billige Richter erkenne jetzt Luthers absurde Selbstwidersprüche[72]. *Oekolampad* legt Wert darauf: „In charitate superiores fuimus."[73] Es ist *Bucer*, der eine Erläuterung der Artikel ausklingen läßt in das Gebet: „Vincat Christus, non nos!"[74]

Die Folgen der Marburger Begegnung waren bedeutender, als oft dargestellt. *Rom* konnte sich nicht mehr auf Luther berufen; darum ließ Zwingli die Artikel als politisches Dokument der Solidarität gegen die Papisten sogleich drucken[75].

Die wichtigste Frucht war wohl die Stärkung des allgemeinen *Bewußtseins*, daß es trotz Lehrunterschieden eine *evangelische Kirche* gibt. Dies Bewußtsein hat auch die Augsburgische Konfession von 1530 nicht auslöschen können. In der Schweiz wurde es gerne bestätigt. So hat Marburg hier auf die Dauer die Einflüsse Luthers und Melanchthons sogar gefördert.

Fragt man nach dem *Verhältnis der Marburger Artikel zu Zwinglis Theologie*[76], so ist zu urteilen: Sie sind ein lutherischer Text, in den die Zwinglianer auf der ganzen Linie ihre Pneumatologie eingebaut haben. Das zeigt der Vergleich mit den sog. Schwabacher Artikeln.

Luther hat hier Formulierungen geduldet, die sonst jenseits seiner Grenzen lagen. Doch kreisen Themastellung und Gedankengang um Luthers Frage nach der Heilsgewißheit, nicht um Zwinglis nach dem Leben der Gemeinde. Also ein Dokument, in dem beide Teile ihre Ansichten unterbringen konnten und wollten. Das wußte man voneinander. Darum war in der Stunde der Unterzeichnung die *Konkordie* nicht nur Schein.

8. Die Liturgie[77]

Zwinglis Sakramentslehre muß man von seinen bewegten und kräftigen Formularen aus verstehen. Die Begrenzung der Feier auf Weihnachten, Ostern, Pfingsten und St. Regula (Zürcher Kirchweih) wahrt die Hochschätzung der „Eucharistie"[78].

Verlangen, einander als Brüder anzuerkennen. – 71 May 71. 72. 76. WABr V Nr. 1577. – 72 Z X 316–318. May 80f. – 73 Z X 337. – 74 A. LANG: Der Evangelienkommentar Martin Butzers, 1900, 403–410. – 75 Z VI/II 513. – 76 G. W. LOCHER: ZwRef Kp. XV, 10. – WK II 127. – S. HAUSAMMANN: Die Marburger Artikel – eine echte Konkordie? ZKG 1966, 288–321. – G. MAY: Abendmahlsstreit u. Bündnispolitik. In: „Luther", 1979, 116–128. – 77 Zwingli: Epichiresis 1523 Z II 552–608; Aktion ... des Nachtmahls 1525. Z IV 1–24, 687–694. Actio qua Tiguri ... utimur 1531. S IV 74–77. Deutsch: FR. SCHMIDT-CLAUSING: Zwinglis Kanonversuch 1969. – DERS.: Zwinglis liturgische Formulare, 1970. – DERS.: Zwingli als Liturgiker, 1952. – DERS.: Die Neudatierung der liturgischen Schriften Zwinglis ThZ 25/1969, 252–265. – J. COURVOISIER: Vom Abendmahl bei Zwingli, Zwa XI 415–426 (1962). – M. JENNY: Die Einheit des Abendmahlsgottesdienstes ... 1968. – Die grundlegende

Die Erfahrung der dankbaren Gemeinschaft bildet aber das notwendige Gegengewicht im sonst die Verkündigung betonenden gottesdienstlichen Leben.

Die „Aktion" enthält folgende Hauptteile: Gebet – Lektion aus 1. Kor. 11 – Lobgesang (alternierend) – Agnus – Lektion aus Joh. 6 – Bitte um Vergebung – Apostolicum (alternierend) – Mahnung zur Selbstprüfung – Vater unser (kniend) – Gebet um Einheit und Wahrheit der Gemeinde – Einsetzungsworte – Kommunion (sitzend) – Psalm 113 (alternierend) – Entlassung.

Der Altar[79] wurde durch einen Tisch mit linnenem Tuch ersetzt, das Brot war ungesäuert[80]; die Kelche waren aus Holz[81]. Original sind die Lesung aus Joh. 6 und die Danksagung an Gott als Heiligen Geist[82]. Die Austeilung von Hand zu Hand bezeugt die Versöhnung unter Christen[83].

9. Die Differenz

Beide Reformatoren bekennen im Sakrament das Heil in Christus aufgrund der Heiligen Schrift[84].

1. Dem „Occamisten" Luther trat in Zwingli ein platonisch gestimmter „Thomist" entgegen. Jener kommt von der Begegnung mit dem kontingent handelnden Gott, dieser von dem das Heil kontemplierenden Glauben her.

2. Luther „hat einen teuren, gewaltigen Text" und „bleibt gefangen und gebunden in diese Worte des Herrn". Zwingli erklärt (sic) die Schrift durch die Schrift (Joh. 6)[85].

3. Luther: „Wenn wir seine Wege wüßten, so wäre er nicht der Unbegreifliche, Er, der Wunderbare!" Zwingli: „Gott ist wahr und Licht, er führt nicht ins Dunkle. Die Orakel der Dämonen sind dunkel, nicht die Sprüche Christi."[86]

4. Gehört das Sakrament selbst zum heute heilbringenden Geschehen, oder erinnert es an das ein für alle Mal Geschehene, darum ewig Gegenwärtige?

5. Liegt das im Abendmahl bezeugte Heil in der Bewahrung des Angefochtenen oder in der Gemeinschaft der Dienenden?

6. In Zwinglis Spiritualität vermißte Luther die Heilsgewißheit. In Luthers konkreter Heilsdarbietung witterte Zwingli den Rückfall in glaubenstötenden Ritualismus. Jeder sah beim andern die ganze Erneuerung gefährdet.

10. Ausbau und Abwehr bis 1531[87]

In der Folge der Berner Disputation 1528, des Ersten Landfriedens 1529 und des Marburger Gesprächs dehnte sich der kirchliche Einfluß der Zürcher und Straßburger Reformationsbewegung in Deutschland stark aus. Reichsbewußtsein, Furcht vor dem mit spanischer Macht zurückkehrenden Kaiser und konfessionelle Ungeklärtheiten hemmten jedoch die entsprechenden politischen Annäherungen.

psychologische Deutung: J. SCHWEIZER: Reformierte Abendmahlsgestaltung in der Schau Zwinglis, o. J. (1954). – 78 Z IV 17, 3 ff. – S IV 74. – J. SCHWEIZER (o. Anm. 112) vermutet, Zwingli habe die allsonntägliche Feier angestrebt. – 79 „Ein sakrilegischer Steinhaufen" Z VI/II 242, 25. – 80 Z IV 704, 25 ff. (Oblaten wurden im 16. Jahrh. alltäglich gebraucht.) – 81 „Damit das Gepränge nicht wiederkommt" Z IV 17, 1 f. – 82 Z IV 19, 12; 689, 7. – 83 S IV 76 m/u. – 84 H. GOLLWITZER: Zur Auslegung von Joh. 6 bei Luther und Zwingli. In: In Memoriam E. Lohmeyer, 1951, 143–168. – 85 WKRek 10; 34; 12; 14. M. LIENHARD: Luthers religiöses Anliegen u. d. Abendmahlslehre. In: L. GRANE u. B. LOHSE (Hg.): Luther u. d. Theol. d. Gegenwart, 1980, 178–181. – 86 WKRek 67; 68; 69. (14 f.). – 87 H. v. SCHUBERT: Bündnis und Bekenntnis, 1908. – WK II, 1953. – Fr. BLANKE: Zwinglis Fidei Ratio (1530). ARG 57/1966, 96–102. – DERS.: Z VI/II 753–784. – 88 Auch bei Lu-

Dabei spielte neben der Abendmahlsdifferenz die Verdächtigung, die Schweizer und ihre Freunde mit ihrer Geist-Theologie seien schwärmerische Aufrührer wie die Bauern, eine erhebliche Rolle[88].

Die kursächsischen Lutheraner ersetzten in ihren Konferenzen zu Schleiz, Schwabach und Schmalkalden (Oktober bis Dezember 1529) die Marburger durch die bereits im Sommer formulierten, nun so genannten *Schwabacher Artikel*. Zur Vorbereitung der *Confessio Augustana*, Kaiser und Reichstag zu Augsburg überreicht am 25. Juni 1530, wurden die „zwinglischen" oberdeutschen Städte nicht zugelassen. Philipp von Hessen unterzeichnete unter Protest gegen deren Verwerfung im Abendmahlsartikel. Die von Bucer schnell für Straßburg, Konstanz, Memmingen und Lindau verfaßte *Tetrapolitana*[89] schickt dem lutheranisierenden Abendmahlsartikel (XVIII) eine reformierte Definition des Sakraments voraus (Art. XVI).

Zwingli sandte auf Anregung von Jacob Sturm für die Prediger in den Burgrechtsstädten rasch seine *Fidei Ratio*[90] ein, die sich durch rückhaltlose Ehrlichkeit auszeichnet. Auch die Abschnitte vom Nachtmahl zeigen den reifen Zwingli. Er beruft sich auf den anerkannten augustinischen Satz „Ein Sakrament ist Zeichen einer heiligen Realität" – wobei er die „sacra res" als „facta gratia", „das Gnadengeschehen" definiert[91]. Von daher gilt: „In der heiligen Eucharistie, d.h. der Danksagungsfeier, ist Christi wahrer Leib durch die Glaubenskontemplation gegenwärtig"[92]. Obwohl am 8. Juli offiziell überreicht, wurde von dieser Schrift nur insofern Notiz genommen, daß Dr. Eck, wie die Confutatio zur CA, sofort eine heftige Repulsio articulorum Zwinglii lieferte[93].

Im Bestreben, zwischen dem Christlichen Burgrecht und der Krone Frankreichs Beziehungen anzubahnen, schrieb Zwingli 1531 die sogenannte *Expositio Fidei*[94]. Sie führt das Abendmahl an Hand der Zürcher Liturgie[95] vor. Einen besonders konsequent formulierten Lehrabschnitt[96] selbst soll der Bote Rudolf Collin zunächst nur der evangelisch gesinnten Schwester Franz' I., Margarethe von Navarra, aushändigen. Doch auch an den König selbst richten sich die Grundsatzworte „Den Glauben, der im Vertrauen auf Gott besteht, verleiht niemand außer dem Heiligen Geist, kein äußeres Geschehen."[97].

X. Das Ringen bis zum Ersten Landfrieden 1529

ESCHER Glaubensparteien, 1882. – TH. MUELLER: Die St. Gallische Glaubensbewegung 1520–1530, 1910. – O. VASELLA: Österreich und die Bündnispolitik der katholischen Orte 1527–1529 (Rektoratsrede) Freiburg/Schw. 1951. – M. HAAS: Zwingli u. d. Erste Kappelerkrieg, 1965. – K. SPILLMANN: Zwingli u. d. zürcherische Politik gegenüber der Abtei St. Gallen, 1965. – L. v. MURALT: Zwingli u. d. Abtei St. Gallen, in: Fs. H. v. Greyerz, 1967. – DERS.: Zwinglis Reformation in der Eidgenossenschaft. Zwa 1969/1 19–33. – J. P. TARDENT: Niklaus Manuel als Staatsmann, 1967.

ther; vgl. z.B. den Schluß von „Das diese wort Christi: Das ist mein leib etc. noch fest stehen widder die schwermgeister", 1527. WA Bd. 23; dazu ib. S. 320. – **89** Lateinisch: Niemeyer 740–770. – Deutsch: EFK Müller 55–78. – Editio B. MOELLER in Bucers Deutsche Schriften Bd. 3, 1969. – **90** Z VI/II 753–817. – **91** Ib. 805,6. Die dauernde Berufung der Fidei Ratio auf altkirchliche und sogar mittelalterliche dogmatische Sätze korrigiert Blankes Kritik „sie war nicht ökumenisch"; ib. 782. – **92** Ib. 806,6f. – **93** Mitgeteilt S IV 20–28. – **94** S IV 42–98. – Siehe o. Kp. VIII. – G. W. LOCHER in Zwa XII/10 (1968). – **95** S IV 74–77. – **96** Die sog. Appendix ib. 68 ff. stammt von Zwingli (gegen 68 u.). – **97** Ib. 55. „Nulla res externa", „keine äußere Wirklichkeit".

X. Das Ringen bis zum Ersten Landfrieden 1529

1. Das rechtlich-politische Problem

Die Reformation gehörte politisch in die Kompetenz der souveränen Orte. In den *Bund*, der auf katholischen Eiden beruhte, brachte sie eine Spannung, die er nur bei strenger gegenseitiger Respektierung der Grenzen aushielt, und dies nur für eine Übergangszeit; mit der Möglichkeit eines dauernden konfessionellen Nebeneinanders rechnete man in der engräumigen Schweiz noch weniger als irgendwo in Europa. Hingegen war der sofortige Zusammenprall in den *Gemeinen Herrschaften* unvermeidlich. Da diese von den jeweiligen regierenden Orten, die im Turnus einen Landvogt entsandten, nach Mehrheitsprinzip verwaltet wurden, folgten auf einen evangelischen Vogt immer mehrere katholische, welche die Bewegung unterdrückten. Die Fünf Orte sahen sich verpflichtet, die Kirche zu schirmen; Zürich mußte seine Glaubensgenossen, besonders die Prediger, schützen und ihnen eine anerkannte Rechtsstellung verschaffen[1]. Zu diesem Zweck argumentierte Zürich damit, daß die alten Bünde „den Glauben nicht berührten", den Vögten also keine Befugnis über den Glauben erteilten[2]. Das hieß konkret: Jede Gemeinde soll das Recht haben, über die Annahme des „Gotteswortes" durch Abstimmung zu entscheiden. Diese Regelung mußte, zusammen mit der Verfügung über die Kirchengüter, die Gemeindeautonomie steigern. Zürich machte damit Propaganda. Im Rahmen des überlieferten Rechts bestand keine Möglichkeit einer Ausbreitung der Reformation. Ihrer unausweichlich revolutionären Tendenz wurde Zwingli sich bewußt[3]. Doch ins konfessionelle Ringen verflocht sich offene Interessenpolitik. Die Fünf Orte bauten das Pensionssystem aus, Zürich seine Position in der Ostschweiz, Bern seine Aspirationen im Westen[4].

2. Offensive

Berns Entscheidung gab der Reformation überall Auftrieb. Konstanz hatte bereits 1527 mit Österreich gebrochen und sich mit Zürich verbündet. Nach Bern 1528 folgen 1529 Basel und Schaffhausen; Glarus gab den Kirchgemeinden freie Hand; ähnliches bahnte sich in Appenzell und Graubünden an. Innerhalb der *eidgenössischen Orte* schien eine evangelische Mehrheit heraufzuziehen.

Von den *Zugewandten* ging die *Reichsstadt St. Gallen* am 17. Juli 1528 zur Reformation über. Von Zürich ermuntert beschloß sie sogar im Februar 1529 die Aufhebung des alten Klosters in ihren Mauern. Gleichzeitig schützte der turnusmäßige Schirmhauptmann der Abtei, Jakob Frey von Zürich, die Gemeinden, so daß die Mehrheit des *Fürstentums St. Gallen* der Reformation zufiel. Im Toggenburg kam es zu Bilderstürmen. Unter den *Gemeinen Herrschaften,* wo die Bewegung bisher meistens gewaltsam, oft blutig aufgehalten worden war, beschloß u. a. im Dezember 1528 eine Thurgauer Landsgemeinde, „sie wöllend zum Wort Gottes und zu Zürich setzen"[5]. Der Übergang des Aargauischen Freiamts brachte die Fünf Orte in akute Gefahr: die Verbindung von Bern und Zürich machte sie aus Belagerern zu Belagerten[6].

---

1 Z IX 591f. VI/I Nr. 124. VI/II 474, 6 ff. – 2 L. v MURALT: HSG I 489. Vgl. z. B. Zürichs Brief an Schwyz nach dem Toggenburger Bildersturm, Bull. II, 15–17. – 3 Daher seine Gedanken über die Umstrukturierung der Eidgenossenschaft. Z VI/II 669ff., und VI/III Nr. 182. (= S VIII 101–107). – 4 L. v. MURALT: Berns Westpolitik 1525–1531. Zwa IV/15 (1928) 470–476. – 5 Bull. II 31. – 6 EA IV/1b 115. – 7 Oben S. J 31 f. – 8 W. BENDER:

3. Bündnisse

Der Zusammenschluß der Fünf Orte vom 8. April 1524 in *Beckenried*[7], der vier Jahre lang das Übergewicht hatte, kooperierte mit dem umfassenden System des *Regensburger Konvents* vom Juli 1524. Demgegenüber schlossen nun Zürich und Bern am 25. Juni 1528 das *Christliche Burgrecht*[8]. Es will den evangelischen Glauben schützen, auch in den Gemeinen Herrschaften. Die Kirchgemeinden sollen „mit mehrer Hand" die Reformation einführen dürfen. Bis 1530 traten Konstanz, St. Gallen, Biel, Mühlhausen, Basel, Schaffhausen und Straßburg bei. Im Schatten des Zweiten Speyrer Reichstags bewarben sich noch 1529 Ulm, Memmingen, Lindau, Kempten, Biberach und Isny; im August 1529 beantragte Herzog Ulrich von Württemberg ein „Verständnis", hinter ihm stand Philipp von Hessen. Bald trat sogar Frankreich ins Gespräch.

Rasch reagierend schlossen die Fünf Orte am 22. April 1529 in Waldshut die *Christliche Vereinigung*[10] mit Ferdinand von Österreich. Dieses „Ferdinandëische Bündnis" umkreiste die Einkreisung, denn Österreich verwaltete auch Württemberg. In dieses Bild gehört auch das zehnjährige Landrecht der Fünf Orte mit dem *Wallis* vom 12. März 1529[11].

Das Volk fühlte, wie diese Projekte nicht nur die Reformation, sondern den Bestand der Eidgenossenschaft bedrohten. Gerüchte und Drohungen regten die Gemüter auf.

4. Der Erste Kappeler Krieg

Beide Parteien rüsteten, den Überfall des Gegners befürchtend. Am 22. Mai 1529 beschlossen die Fünf Orte den Kontakt mit Habsburg, um den Krieg zu beginnen[12]. Zu den St. Galler und Unterwaldner Händeln war ein neuer Siegeszug des „neuen Glaubens" im Uznach-Gaster-Gebiet[13] hinzugekommen, von Zürich kräftig gefördert, obwohl es dort nichts zu sagen hatte. Daß Schwyz als Gegenmaßnahme am 29. Mai 1529 den Uznacher Pfarrer *Jakob Kaiser* verbrennen ließ[14], steigerte Angst und Gereiztheit. Trotz des heftigen Widerstrebens Manuels und seiner Friedenspartei in Bern erklärte Zürich am 8. Juni 1529 den Krieg[15]. Es sei nur auf die „Pensiöner" abgesehen; sonst wolle man die Eidgenossen „ungeschedigt" lassen. Zürichs wichtigste Forderungen, erhoben unter Zwinglis Einfluß, waren: Recht der Reformation in den Gemeinen Herrschaften, freie evangelische Predigt in der ganzen Schweiz, Verbot des fremden Solddienstes, Bestrafung der Pensionäre, Säkularisierung der Fürstabtei St. Gallen.

Infolge starken Zuzugs aus den Gemeinen Herrschaften standen binnen kurzem 30000 Mann den 9000 Innerschweizern bei Kappel am Albis gegenüber.

Die Blockade wirkte; Österreich schrieb nur Drohbriefe. Doch war der Krieg nicht populär, und Bern durfte ihn wegen seiner Spannung zu Savoyen nicht riskieren. So gelang den Vermittlern[16] nach zermürbenden Verhandlungen am 25. Juni 1529 der Friedensschluß.

Zwinglis Reformationsbündnisse, 1970. – 9 EA IV/1a 1510–1515; 1521–1527. – 10 EA IV/1b 123; 1467–1475. Auszug BRZ Nr. 225. – 11 HAAS: erster Kapp. Krieg 43 ff. – 12 Ib. 124 f. – 13 W. AMMANN: Die Ref. im Gasterland. Zwa VII/4 (1940) 209–266. – 14 Bull. II 148. – 15 EA IV/1b 224 f. BRZ Nr. 226. – Die Nachricht der Edlibach-Chronik über eine wirkungsvolle Rücktrittsdrohung Zwinglis dürfte auf einem Gedächtnisfehler (Verwechslung mit 1531) beruhen. Die Diskussion: ZwRef. S. 358. – 16 Zuerst erreicht der Glarner Landammann HANS AEBLI, indem er an alte Waffenbruderschaft erinnerte, einen Aufschub von zwei Stunden; daraus wurden zwei Wochen. Bull. II 170. E. EGLI Zwa II/13, 1910, 360–377.

5. Der Erste Landfriede [17]

Die Orte sollen einander in Glaubensfragen nicht behelligen. Bei den Zugewandten und in den Vogteien dürfen die „Kilchgenossen" über ihre Reformation abstimmen. Die Ferdinandëische Vereinigung wird gelöst. Die Regelung der Pensionen liegt bei den Obrigkeiten. Schmähungen des Glaubens der anderen sind zu strafen. Die Festsetzung der Kriegskosten und der Unterwaldner Handel gehen ans Schiedsgericht; die Stadt St. Gallen soll „von wägen des Klosters" von den Schirmorten „in zimlichkeit bedacht werden". Alle werden die alten Bünde neu beschwören.

Das Recht der Kirchengemeinden in den Herrschaften auf evangelische Predigt war ein Erfolg der Reformation. Aber hinter Zwinglis Zielen fiel der Vertrag weit zurück. In den Urkantonen blieben das „Göttliche Wort" verboten und das Pensionenwesen erlaubt. Ein grundsätzliches Recht der Erneuerungsbewegung war nicht geschaffen, nur eine feindliche Koexistenz [18].

XI. Träger und Zentren der schweizerischen Reformation [1]

G. GROSJEAN: Historische Karte der Schweiz, 1972. – L. v. MURALT: Zwinglis Reformation in der Eidgenossenschaft. Zwa 1969–1, 19–33. – DERS.: HSG I 466–487. 548–557. – MOELLER Reichsstadt. – DERS.: Disputationen. – U. KAEGI: Die Aufnahme der Reformation in den ostschweizerschen Untertanengebieten ... bis Frühling 1529, 1972. –

1. Zürich

Wir nennen noch folgende Förderer der Bewegung.

Leo Jud [2,3], geboren 1482 als Priestersohn zu Gemar im Elsaß, empfing seine Bildung in Schlettstadt, Basel, Freiburg/Br., seit 1505 wieder in Basel, wo er sich mit Zwingli anfreundete. 1512 wurde er Magister artium in Basel, dann Priester zu St. Hippolyte i. E., 1519 Nachfolger Zwinglis in Einsiedeln. Hier übersetzte er 21 Erasmus- und 2 Lutherschriften. Am Engelweihfest 1522 predigten Zwingli, Schmid, Jud und Oechsli vor Zehntausenden über das Lukasevangelium. 1523 wurde „das Leulein" Stadtpfarrer zu St. Peter in Zürich und Zwinglis Kamerad, oft stürmischer als dieser [4], also keineswegs sein „Melanchthon". Er heiratete die Nonne Katharina Gmünder; „Mutter Leuin" war beliebt. Als Dozent an der Prophezey benutzte er kritisch die Paraphrases des Erasmus; er verfaßte Streitschriften und bekämpfte die Täufer. Die Innerlichkeit der devotio moderna blieb

---

– 17 EA IV/1b 256–286; 1478–1483. Bull. II 185–191. Auszug BRZ Nr. 232. – 18 EA Zwinglis Sorge strömte ein in Lied und Melodie „Herr nun heb (halt) den Wagen selb!" mit dem Akrostichon „Herr Gott hilf!" – S II/II 275f. 527. Vortreffliche Übertragung in Schriftsprache v. FR. SPITTA im Gesangbuch der Ev.-ref. Kirchen der deutschsprachigen Schweiz von 1952, Nr. 344. M. JENNY: Die Lieder Zwinglis, JLH 1969, 63–102. DERS.: Geschichte und Verbreitung der Lieder Zwinglis, in: Kerygma und Melos, 1970, 319–332.

1 Auswahl. Gesamtüberblicke: L. v. Muralt: Eidgenossenschaft. – GWL ZwRef Kp. XVII. – 2 C. PESTALOZZI: Leo Judae. 1860. – LEO WEISZ: Leo Jud. 1942. – K. H. WYSS: Leo Jud, Seine Entwicklung zum Reformator 1519–1523, 1976. – 3 Nach Familientradition jüdischer Abstammung. Aber K. WYSS S. 19: „Der Geschlechtsname ist im oberen Elsaß alt und weitverbreitet." – 4 Sonst ist Weisz' lebhafte Schilderung mit Vorsicht aufzunehmen. –

ihm zeitlebens. Er übertrug die „Imitatio Christi" 1523; 1524/25 verfaßte er das vorläufige Taufformular[5]. Unter seinen Übersetzungen ragen Luthers „De libertate" und „De votis" hervor. Selbständige Werke sind die „Widerfechtung", eine Abendmahlsschrift für Augsburg, 1523, und „Erasmus und Luthers Meinung vom Nachtmahl", 1526. Seinen Ruhm begründete sein Anteil an den Bibelübersetzungen. Leos Versionen und Editionen von Werken Zwinglis steigerten schon zu dessen Lebzeiten deren internationale Verbreitung; so das lateinische Usslegen 1525 und der deutsche Commentarius 1526[6,7].

Oswald Myconius[8], geb. 1488, aus seiner Heimat Luzern vertrieben, war ein früher Vertrauter Zwinglis. Der Latein- und Griechisch-Lehrer trat wenig hervor. Aber seine Schule am Fraumünster bildete durch Zwinglis Nachmittags-Kurse de facto den neutestamentlichen Zweig der Prophezey[9]. Mit seinem „Guten Rat"[10] hoffte er 1524 noch auf Gehör bei den Innerschweizern.

Konrad Schmid[11], geb. ca. 1476, war der angesehenste Reformator auf der Landschaft. Der Bauernsohn aus Küsnacht am Zürichsee studierte bis zum Magistergrad (1505) in Tübingen, trat in das heimatliche Johanniterhaus, wurde 1515/16 lic. theol. in Basel, 1517 Priester in Seengen (Aargau), 1519 Komtur in Küsnacht. Beatus Rhenanus und Zwingli brachten ihn zur Reformation. Schon 1520 legte er seiner Gemeinde den Römerbrief aus; berühmte Predigten hielt er 1522 in Luzern und in Einsiedeln, 1523 zur Zweiten Zürcher und 1528 zur Berner Disputation, an der er Copräsident war. Er fiel bei Kappel 1531. Er verstand die konservative Bauernschaft und empfahl deshalb Vorsicht und Geduld bei Änderungen, was ihm gelegentlich den Ruf des Schwankens eintrug. Hinzu kam, daß er theologisch von der devotio moderna geprägt blieb[12], es kommt auf die „Einbildung" Christi in der Seele an, dann sind die äußeren Bilder nicht von Belang.

Kaspar Großmann (Megander)[13], Bürger von Zürich, geb. 1495, Magister in Basel, 1518 Kaplan am Großmünster, stellte sich sofort an Zwinglis Seite. Er unterzeichnete die Bittschrift von 1522 und verlangte mit Zwingli 1525 die Einführung des Abendmahls. Seit 1525 dozierte er an der Prophezey. Nachdem er an der Disputation 1528 gepredigt hatte, berief Bern ihn als Münsterprediger und Professor; er richtete dort die theologische Schule ein. Zusammen mit Leo Jud edierte er Zwinglis Bibelauslegungen.

2. St. Gallen[14]

wurde in der Schweiz die zweite evangelische Stadt. Darauf hatte *Vadian*, Stadtarzt und seit 1525 Bürgermeister[42], hingewirkt; neben ihm der Erasmus- und Melanchthon-Schüler *Johannes Kessler* (1502/3–74), der mit verbotenen Bibelstunden begann und nach Vadians Tod der Führer der Evangelischen in der Nordostschweiz wurde.

Die Räte verpflichteten am 5. April 1524 die Prediger auf das Evangelium. Die Abgrenzung gegen die Täufer seit 1525 bereitete Mühe. Ostern 1527 feierte man das Abendmahl; 1528 wurde die Messe verboten. Aber die Reformation wirklich

---

5 Z IV 707–717. 199–203. – 6 Cf. Z II 11f. III 625f – 7 Forts. s.u. S. J 86 – K. R. HAGENBACH: O.M., 1859. – E. G. RUESCH: O.M. In: Der Reformation verpflichtet, Basel 1979, 33–38. – 9 W. E. MEYER: Die Entstehung von Zwinglis neutestamentlichen Kommentaren, Zwa XIV/6 (1976) 285–331; 324ff. – 10 „Suasoria". Auszug deutsch Hagenbach 389–413. – 11 E. Egli Zwa II/3, 1906, 65–73. – RE³ XII 649f. – 12 Nicht von Luther. – 13 RE³ XII 501–503. – 14 G. THURER: St. Galler Gesch. I, 1953. – M. u. F. JEHLE: Kleine St. Galler Ref.-Gesch., 1977. – 15 Dies gegen d. Lit., die nur eine „Ref. von oben" behauptet. –

durchzusetzen, schien aussichtslos, da das Kloster des Fürstbischofs, des einstigen Stadtherrn, innerhalb der Mauern lag. Am 23. Februar 1529 hob der Rat es auf. Damit proklamierte St. Gallen das eigene Reformations-Recht der Zugewandten und der Gemeinen Herrschaften. Schon am 3. November 1528 war es dem Christlichen Burgrecht beigetreten.

3. Bern

In zehnjährigem Ringen siegte die Reformation über den Widerstand der aristokratischen Regierung[16]. Dabei spielten Laien wie Venner *Niklaus Manuel* und Stadtschreiber *Peter Cyro* die entscheidende Rolle. Sie gaben auch der theologischen Disputation von 1528 das rechtliche Gewicht und bauten das typische Staatskirchentum aus. Berns Zurückhaltung vor und während des Zweiten Kappeler Kriegs war sowohl durch seine Erfahrungen im Oberland als auch durch seine kriegerische Spannung mit Savoyen bedingt.

4. Basel[16]

Die bedeutende Handelsstadt, kulturell rührig und Zentrum einer erstaunlichen Buchdruckerkunst, hatte 1503 das Scheitern der Diözesanreform des Bischofs *Christoph von Utenheim*, eines frommen Humanisten aus dem Kreise um Jakob Wimpfeling, erlebt. Doch gehörten *Konrad Pellikan* und *Wolfgang Capito* bald zu seinen Mitarbeitern. Man verbreitete Luthers Schriften durch Adam Petris Druckerei; wichtig wurde die „Septemberbibel" vom Dezember 1522 mit einem oberdeutschen Glossar[17].

Erasmus nahm hier 1516, zur Edition des griechischen Neuen Testament, 1521 endgültig Wohnsitz. Zum Humanistenkreis, der evangelisch wurde, gesellten sich Weihbischof Tilmann Limperger, *Kaspar Hedio*, Wolfgang Wissenburg und *Wilhelm Reublin*, der spätere Täufer. Die „lutherischen" Predigten des Barfüßers Johann Lüthart schlugen 1519 ein. Die Stadt löste sich 1521 rechtlich vom Bischof. Am Palmsonntag 1522 brach Reublin mit einer Schar von Männern das Fastengebot. Politisch führte die Konservativen Bürgermeister *Heinrich Meltinger*, die Evangelischen Bürgermeister *Jakob Meyer zum Hirzen*. Das Bollwerk der alten Ordnung war die *Universität*. Die geistliche Leitung der evangelischen Bewegung ging an *Johannes Oekolampad* aus Weinsberg in Franken über, der im November 1522 eintraf. Er legte an der Universität 1523 Jesaja, seit August 1524 den Römerbrief aus. Diese Vorlesungen wie die Predigten zu St. Martin lehrten die alleinige Erlöserschaft Christi. Daneben half Oekolampad Erasmus bei seiner Kirchenväter-Edition. Er war der Gelehrteste unter den schweizerischen Reformatoren[18].

Im Mai oder Juni 1523 bestimmte ein Ratsmandat das Alte und Neue Testament (ohne die Apokryphen) zum Maßstab der Predigt und verbot jede ihr „ungemäße" Lehre, „ob von Luther oder andern Doctoren"; dieser Neutralitätsversuch mißlang hier ebenso wie in Bern. Bereits 1524 die Disputation des Flüchtlings *Guillaume Farel*, dann die Bauernunruhen im Sommer 1525, schließlich das Auftauchen der Täufer versteiften den Widerstand des Magistrats. Trotzdem reichte

16 E. DUERR, P. ROTH: Aktens. z. Basler Ref., 6 Bde, 1921/5, BBR 1929. – R. WACKERNAGEL: Gesch. d. Stadt Basel, III. Bd., 1924. – H. R. GUGGISBERG, P. ROTACH (Hg.): Ecclesia semper reformanda, Vorträge in Basel 1979–1980. – 17 Auswahl BBR 46ff. – 18 Bucer: „Vere maiorem eo theologum non habuimus." St. BrA II Nr. 958. – 19 BBR 82. – 20 E. -

Immeli seit 1523, Oekolampad seit Allerheiligen 1525 ein evangelisches Abendmahl. Aber im Dezember 1525 wurde Limperger als Münsterpfarrer abgesetzt; dafür kam Augustinus Marius aus Ulm, ein heftiger altgesinnter Polemiker. Doch auf Oekolampads Festigkeit an der Badener Disputation 1526 war das Volk stolz; es sang Straßburger Psalmen.

Merkwürdig früh beteiligte sich die *Landschaft* an der Bewegung. Genannt sei die demonstrative Eheschließung des Pfarrers Stephan Stör in Liestal unter „großem Wohlgefallen" der Gemeinde[19]. Er wurde abgesetzt, aber sein Beispiel zündete; so heiratete Oekolampad 1528 Wibrandis Rosenblatt[20].

Bereits 1526 hatte die Basler Kirche zwei Ausgaben einer evangelischen *Liturgie*, die zweite unter dem Titel „Form und Gestalt, wie die Kindertaufe – (usw.) gehalten werden"[21]. Das Nachtmahl ist hier nicht nur auf Vergebung, sondern auf Heiligung ausgerichtet; die Communionsformel lautet: „Der ungezweifelte Glaube, den ihr in den Tod Christi habt, führe euch in das ewige Leben." Die Lieder waren den Straßburger Gesangbüchern entnommen.

Nach der Entscheidung in Bern erreichte ein Volksauflauf in fünf Stadtteilen die Entfernung der Bilder und den evangelischen Gottesdienst. Auf der Landschaft förderte ein Hirtenbrief[22] Oekolampads, der offen über Papisten, Lutheraner und Täufer spricht, die Bewegung.

Die Unterdrückung der evangelischen Mehrheit brachte die Stadt in der Nacht zum 26. Dezember 1528 an den Rand des Bürgerkriegs; eidgenössische Gesandte vermittelten. Eine vorläufige Einigung am 5. Januar 1529 gebot die biblische Predigt, gestattete die Messe noch einmal täglich in drei Kirchen und legte die Disputation auf den 30. Mai fest. Aber der von Meltinger beherrschte Rat schützte zahlreiche Verstöße und duldete Schmähpredigten gegen Oekolampad. Da brach am 8. Februar der *Aufruhr*, am 9. der Bildersturm aus. Die Zünfte, unter ihnen besonders aktiv die Weber[23], forderten evangelische Praedikanten auf drei verwaiste Pfarrstellen, eine mehr demokratische Ratswahl und die Ausstoßung der Reaktionäre aus dem Magistrat. Daraufhin dankten BM Meltinger und elf Ratsherren ab. Die Forderungen wurden akzeptiert und zu Stadt und Land die Messe eingestellt. Fast alle Professoren verließen Universität und Stadt. Von der Disputation war keine Rede mehr.

Am 1. April 1529 erschien die *Reformationsordnung*[24]; sie führte u.a. am Münster Vorlesungen ein, ähnlich der Zürcher Prophezey. Die erste Synode trat bereits am 11. Mai 1529 zusammen. Die Täuferbewegung schmolz zusammen; nach drei Hinrichtungen 1530 war sie gebrochen. Im Dezember 1530 richtete Basel die Kirchenzucht auf, allerdings nicht nach Oekolampads rein kirchlichem Ideal.

Oekolampad starb 1531 im Kummer über den verlorenen Kappeler Krieg. Die *Neuordnung der Universität* – vom November 1532 – hatte er noch vorbereitet. Auch das Erste Basler Bekenntnis[25], 1534 von seinem Nachfolger Myconius verfaßt, geht auf einen Entwurf Oekolampads zurück.

STAEHELIN: Frau Wibrandis, 1934. – R.H. BAINTON: W.R., in FS. E. Staehelin, 1969. – 21 St. Lebenswerk Kp. 16. – 22 BBR 170–183. – 23 H.R. GUGGISBERG u. H. FUEGLISTER: Die Weberzunft als Trägerin reformatorischer Propaganda. In: SVRG Nr. 190, 1978, 48–56. – 24 BBR 192–213. – 25 BBR 241ff. – EFK Müller 95ff. – 26 J. WIPF: Reformationsgesch. d. Stadt u. Landschaft Schaffhausen, 1929. – H. LIEB: Seb. Hofmeisters Geburtsjahr u. Todestag. Schaffh. Beitr. z. Gesch. 1980, 144–151. – 27 Wipf 126f. – 28 E.G. RUESCH: Die Schaffhauser Reformationsordnung von 1529. Schaffh. Beitr. z. Gesch. Bd. 56/1979, 5–27. –

5. Schaffhausen[26]

Handwerker, Rebleute und Fischer neigten zur Reformation; Kaufherren und Adel, die durch den Kleinen Rat die Macht ausübten, strebten aus städtischem Interesse einerseits nach der Oberhand über das berühmte Kloster und Münster Allerheiligen, andererseits nach Erhaltung des status quo, mindestens nach Neutralität für ihr von Österreich umgebenes Gebiet. Im Kloster las man die frühen Schriften Luthers; *Abt Michael Eggenstorfer* sandte sogar Mönche zum Studium nach Wittenberg. Stadtarzt *Johann Adelphi* verfaßte 1516 ein „neues Spiel", in dem Europas Potentaten in Tiergestalt würfeln. 1520 übersetzte er Erasmus Enchiridion. Zu seinem Kreis gehörten *Erasmus Schmid* in Stein a. Rh. und *Johannes Oechsli* auf Burg bei Stein a. Rh. Man korrespondierte mit Luther, Melanchthon und Vadian in humanistischem Sinn.

Reformator wurde der Zwinglifreund *Sebastian Hofmeister*. 1522 zu Barfüssern, später auch zu St. Johann. In heftigen Predigten vertrat er das Schriftprinzip und die alleinige Mittlerschaft Christi. Vielleicht hat er bereits 1522 eine extrem „zwinglische" Abendmahlslehre vorgetragen[27]. 1524 übergab Eggenstorfer die Abtei der Stadt und heiratete. Doch der Rat erließ kein Mandat zugunsten des Schriftprinzips. Hingegen gelang 1524 *Balthasar Hubmaier*, damals Zwinglianer, die Reformation im benachbarten (habsburgischen) *Waldshut*. Der Bauernkrieg 1525 berührte die Stadt wenig, wohl die Täuferbewegung. Unter dem Eindruck des Regensburger Konvents entließ der Rat im August 1525 Hofmeister. Die Bewegung wuchs trotzdem, doch verzehrte in den folgenden Jahren der Zank zwischen dem (schwankenden) Lutheraner *Benedikt Burgauer* und dem Zwinglianer *Erasmus Ritter* viel Kraft. Nach dem Ersten Landfrieden 1529 überreichten Gesandte der Burgrechtsstädte am 29. September den gemeinsamen Reformationsbeschluß beider Räte – zugleich ein demokratisierender Vorgang. Am 15. Oktober trat Schaffhausen dem Burgrecht bei. Das schlichte Reformationsmandat der Jahreswende 1529/30 bestätigte Kirchen- und Zuchtordnung[28].

6. Neuchâtel[29]

Bern erwirkte 1529 die Rückgabe dieser Gemeinen Herrschaft an Orléans, um dort ungehindert reformieren zu können. Unter dem Schutz eines alten Burgrechts mit der Grafschaft ließ es *Farel* dort predigen. Wie überall provozierten dessen Donnerworte Aufruhr und Gewalttat. Die knappe Entscheidung einer Glaubensabstimmung vom 4. November 1530 setzte Bern rücksichtslos durch. Andrerseits profitierten die armen Dörfer gern vom Kirchengut. Trotzdem blieb die Herrschaft *Valangin* vorläufig katholisch.

7. Die Westschweiz-Guillaume Farel[30]

Farel ist *der Reformator der Westschweiz*. Bei Gap im Dauphiné 1489 adlig geboren, seit 1509 Student in Paris, später Dozent am Collège Le Moine, kam er durch *Faber Stapulensis* zu fleißigem Bibelstudium und wurde nach Lektüre von

---

29 M. DU PASQUIER: La Réforme ... Neuchâteloise 1520, 1930. – J. PETREMAND: La Réformation de Neuchâtel ... In: G. Farel, Biographie Nouvelle, 1930, 206–258. – L.E. ROULET: Le jour ... de la Réforme ... In: Musée Neuchâteloise 1973, 186–199. – 30 Guillaume Farel: BIOGRAPHIE NOUVELLE (20 Autoren. Lit.), 1930. – R. PFISTER: Die Freundschaft zwischen Farel und Zwingli, Zwa VIII/7, 1947, 372–389. – H. MEYLAN: Les étapes de la conver-

Lutherschriften gegen 1521 evangelisch. Der volkstümliche Redner wirkte im Dauphiné und in Meaux. 1523 floh er nach Basel zu Oekolampad. Er besuchte Zwingli in Zürich. Ausgewiesen, weil er Erasmus angriff, arbeitete er 1524 im württembergischen Montbéliard (Mömpelgard), 1525–26 in Straßburg. Im bernischen Aigle (Aelen) (Vaud) war er Schulmeister, nach 1528 Pfarrer. An der Berner Disputation verteidigte er die Thesen französisch. In Lausanne attackierte er mehrfach den Bischof; er agitierte gewaltsam, oft unter Lebensgefahr, auf Straßen und Plätzen im ganzen Jura. Diese Tätigkeit setzte er 1530–33 von Murten aus fort; Berns energische Fürsprache holte ihn überall aus den Gefängnissen heraus. Dann missionierte er als Berns Schützling im *Waadtland* und führte 1535/36 das von Savoyen belagerte *Genf* zur Reformation. Hier beschwor er in einer Augustnacht gleichen Jahres bei Gottes Zorn Calvin zum Bleiben. Mit Calvin 1538 verbannt, nahm er den Ruf nach *Neuchâtel* an, wo er die Kirche in generischem Sinn organisierte. Mit Reisen und Briefen arbeitete er fördernd und einigend in der Schweiz, bei den Waldensern, in Frankreich, Lothringen und Deutschland. Er starb 1565.

Von seinen Schriften wurden wichtig: Die anfangs anonyme „*Sommaire* et briefve déclaration..."", „1525 àTurin"[31], in Wirklichkeit Alencon 1529[32] die erste französische evangelische Dogmatik, mehrfach aufgelegt bis 1552; „*La manière et Fasson...*"[33], die erste französische Liturgie, gedruckt 1533 und 1538, aber seit Jahren im Gebrauch[34]; und die Lausanner Thesen 1536[35].

Farels *Theologie* steht im „*Sommaire*". Sie bleibt in ihren Grundzügen und Alternativen zwinglianisch, mit der wichtigen Einschränkung, daß dieser Schüler des Faber Stapulensis keine Spur von Humanismus mehr zeigt; Biblizismus und Volksnähe haben ihn verschlungen. Der Glaube ist die Absage an jede Form von Aberglauben, insbesondere in seiner römischen Fassung. Im übrigen vermeidet dieser Kämpfer in seinen Schriften die innerevangelische Debatte, obwohl er Calvin in allen Streitigkeiten unentwegt beisteht und obwohl seine positiven Aussagen an einfacher Klarheit nichts zu wünschen übrig lassen.

Der Aufbau des Sommaire folgt im ganzen Zwinglis Commentarius; die Abweichungen erklären sich aus der Zweckbestimmung einer Laiendogmatik. Das Vorwort setzt ebenfalls mit dem wiedererstandenen Gotteswort ein. Die Schrift redet wieder, sie erklärt sich selbst. Der ewige Vater, die einzige Wahrheit, hat den Sohn gesandt, uns seine Gnade zu schenken; dessen Sterben macht uns unseres neuen Lebens gewiß. (Daß die Satisfaction hinter der Einverleibung des Gläubigen in Christus zurücktritt, rückt Farel in diesem Punkt näher an die Straßburger). Aber Kirche wie Staat haben les abus de l'Antichrist auszurotten. Der Kirchenbegriff grenzt ans Spiritualistische: die Gemeinde ist eine vraie union. Die Beichte ist durch Seelsorge zu ersetzen; die „Schlüssel" sind die Predigt. Die Sakramente, symbolisch verstanden, sind Zeichen des Glaubens und der Liebe und stärken diese[36]. Sie dürfen keinen zweiten Heilsweg neben demjenigen des Glaubens anbieten[37].

---

sion de Farel. Coll. internat. de Tours XIV, 1973, 253–259. – E. Jacobs: Die Sakramentslehre W. Farels, 1978. – P. BARTHEL (Ed.) Coll. Farel Neuchâtel 1980, 1982. – 31 Londoner Expl. Photomech. Nachdruck v. A. PIAGET, 1935. – 32 F. HIGMAN: Dates-Clé de la Réforme Française: Le Sommaire de Farel ... BHR 38, 1976, 237–247. – 33 Bei M. JENNY: Die Einheit des Abendmahlsgottesdienstes ... 1968, 169–178. – 34 Nach der Berner und der Zürcher Liturgie. – 35 A. PIAGET: Actes de la Dispute de Lausanne 1536, 1928. – 36 Die der Liturgie vorausgeschickte Belehrung (Jenny 170–173) läßt abschnittsweise alle Elemente der Zwinglischen Sakramentslehre erkennen: Noch 1533 zurückhaltende Verwendung des Wortes „Sakrament"; Verpflichtung (enrolement, profession), Eucharistie, Gedächtnis, Gemeinschaft;

Farels Arbeitsgebiet wurde bald vom Calvinismus überlagert; seine *Nachwirkung* beruht auf dem Vorbild seiner Kühnheit, die unter Lebensgefahr in verbotenes Gelände einbrach.

8. Die katholisch gebliebenen Gebiete

In den Fünf Orten (*Uri, Schwyz, Ob-* und *Nidwalden, Luzern* und *Zug*), den Städten *Freiburg* im Uechtland und *Solothurn* mit ihren Gebieten, den Zugewandten *Rottweil* und *Wallis* und den „*Ennetbirgischen Vogteien*" südlich des St. Gotthard wurden alle evangelischen Einflüsse bald unterdrückt, so daß sie auf die kirchengeschichtliche Entwicklung nur geringe Nachwirkung ausübten. Wir beschränken uns deshalb auf einige allgemeine Feststellungen und wenige Einzelheiten.
1. Es gab hingebungsvolle, auch bedeutende Priester, die ihre Kirche verteidigten. Doch die entscheidenden Zentren des katholischen Widerstandes waren die weltlichen Räte, lauter *Laien,* die über der Erhaltung des Glaubens der Väter wachten. 2. Ihre Maßnahmen waren, meist gegen den Boykott der Geistlichkeit, von ernsthaften Reformversuchen begleitet. 3. Bezeichnend war das Versagen der Bischöfe. Sie waren der Reformationsbewegung nicht gewachsen und verteidigten ihre Positionen mit juristischen Argumenten. Die Mentalität hierarchischer Bürokratie bot der treuen Anhängerschaft weder Rat noch Hilfe zu den Zeitproblemen. 4. Die Verbannung führender Evangelischer (192) lähmte das geistige Leben und das Schulwesen in Luzern, Zug und Freiburg Jahrzehnte lang. 5. Aufmerksamkeit verdienen noch gewisse Vorgänge in folgenden Städten.

Luzern[38] war ein blühendes Humanistenzentrum, aus dem mehrere reformerische Aktionen hervorwuchsen, die das Evangelium auch auf der Landschaft Wurzel schlagen ließen. Doch der gegnerische Magistrat war führend in Beckenried 1524, in Baden 1526, in den Verhandlungen mit Österreich und in den Kappeler Kriegen 1529 und 1531. Geistig hat der leidenschaftlich-fromme Franziskaner *Thomas Murner* mit seinen volkstümlichen Satiren den Hauptbeitrag dazu geleistet, daß Luzern und damit die ganze Innerschweiz katholisch blieb.

Rottweils[39] Reformationsgeschichte gehört zu derjenigen Süddeutschlands; die Bewegung, von Schaffhausen, Zürich und Bern unterstützt, hätte beinahe gesiegt. Hier ist jedoch zu erinnern an die Verbannung von 100 Familien (402 Seelen) im August 1529, die erste Flüchtlingswelle der Reformation. Die Vertriebenen wandten sich in die Schweiz, einige nach Straßburg, woraus hervorgeht, wes Geistes Kinder sie waren. Die Tagungen des Christlichen Burgrechts befaßten sich lange mit ihnen; der Protestantismus mußte erst lernen, mit derartigen Problemen fertig zu werden.

Freiburg[40] im Uechtland. Auch hier mußten bedeutende evangelische Humanisten weichen, zum Schaden für die Stadt.

---

der Leib Christi ist konsequent die Gemeinde; die geistliche Speise ist das Wort Gottes als Nahrung der Seele; das Subjekt der Feier sind die Gläubigen. – 37 Darum heißt „mein Fleisch essen" Joh. 6,51ff. „glauben". Herm. II 84. E. Jacobs 181. Pfister 383. – Es handelt sich um Zwinglis zentrale Alternative. GWL HZnS 264f. – Farels begeisterte Zustimmung zu Zwinglis Amica Exegesis Z IX 163–165. – 38 W. BRAENDLY: Gesch. d. Protestantismus in ... Luzern, 1956. – 39 M. BRECHT: Die gescheiterte Reformation in Rottweil. BlWttKG 1975, 5–22. – 40 A. BUECHI: Peter Girod (Cyro) und der Ausbruch der Reformbewegung in Freiburg. Rev. Hist. Eccl. 1924. – 41 E. CAMENISCH: Bündnerische Reformationsgeschichte,

Als lückenlos wirksam erwies sich die 1524 eingeführte „*profession*", professio fidei, durch sämtliche Einwohner, bis ins 17. Jahrhundert in Abständen wiederholt. Sie enthielt die Beschwörung der sieben Sakramente, der Zwölf Artikel, der Zehn Gebote, des Meßopfers, der kirchlichen Festtage, der Fürbitte der Muttergottes und der Heiligen, der Fastentage, des Gehorsams gegen die geistliche und weltliche Obrigkeit. Diese Einrichtung gehört zum Hintergrund der evangelischen „profession de foi" in Genf seit 1536 unter Farel und Calvin.

9. Graubünden

In den schwer zugänglichen Gebirgstälern herrschte die rätoromanische Sprache vor. Der Gotteshausbund mit Stadt und Domkapitel Chur, der Obere (oder Graue) Bund und der Zehngerichte-Bund standen untereinander (und mit der Eidgenossenschaft) im Bundesverhältnis: der Beschluß zweier verpflichtete auch den dritten. Aber die Selbständigkeit der 48 „Gerichtsgemeinden" blieb erhalten, unerschöpfliche Quelle anarchischer Kämpfe zwischen den Potentaten, um deren Gunst Frankreich und Österreich mit ihren Pensionen warben. Eine Vormachtstellung besaß der Bischof von Chur, derzeit *Paul Ziegler*, infolge seiner Kompetenzen in Vorarlberg und Tirol ein „schlechter Eidgenosse"[42]. Gegen ihn richtete sich hier 1524/25 die Bauernbewegung mit ihren Auflehnungen, Zehntenverweigerungen und Pfarrwahlforderungen, so daß in Graubünden die Reformation anfangs besonders stark mit der *Bauernbewegung* verschmolz. Da die Bauernbewegung hierzulande erfolgreich war, verlor ein wirksames Motiv zur Reformation bald seine Kraft. Stattdessen trat im Ringen um die Führung die Landschaft oft in Gegensatz zur reformierten Stadt Chur.

Schon 1523/24 muß der Gotteshausbund Predigtmandate erlassen haben, denn der von Chur eigenmächtig berufene Pfarrer zu St. Martin, *Johannes Comander*, berief sich darauf[43]. Der *Erste Ilanzer Artikelbrief*[44] vom 4. April 1524 schränkte die Judikatur des Bischofs ein; dieser ging außer Landes. Zu Ostern 1525 hatte Comander mächtigen Zulauf, zahlreiche Dorfpfarrer fielen dem Evangelium zu, die Gemeinden begannen, den Landbesitz des Bistums zu annektieren. Ein Bauernsturm belagerte die Residenz in Chur. Darauf verlangte das Domkapitel Comanders Verbannung; er sei für die Rechtsverwilderung verantwortlich. Dieser erbot sich zur Rechtfertigung aufgrund der Schrift.

Zum *Ilanzer Religionsgespräch*[45] am 8./9. Januar 1526 verteidigte Comander mit 40 Amtsbrüdern 18 Thesen, inhaltlich Zwinglis Schlußreden oder Schriften entnommen. Vom berühmten ersten Satz[46] erklärte sich Comanders Hauptgegner, Abt *Theodul Schlegel*, vorübergehend überwunden. Die Diskussionsleiter, ungenannte Laien, wagten keine Entscheidung. In seiner Wirkung nicht zu unterschätzen ist der faszinierende Tiroler Bauernführer *Michael Gaismair*[47], „vielleicht die größte Gestalt des ganzen Bauernkrieges"[48]. Er scheint die Erhebung im Bündnerland geleitet zu haben. Jedenfalls konspirierte er im Herbst 1525 vom Prättigau

---

1920. – 42 EA IV/1a 185. 363. – 43 Hofmeister (Anm. 45) 15. – 44 HBLS III 649. – 45 Seb. Hofmeisters Akten z. Religionsgespräch in Ilanz, neu hg. 1904. – E. CAMENISCH: Das Ilanzer Religionsgespräch, 1925. – 46 Von Franz Kolb 1528 als Erste Berner These übernommen. GWL: Die Stimme des Hirten. In: OSKAR FARNER: Erinnerungen, 1954. – 47 W. KLAASSEN: M. GAISMAIR; Revolutionary and Reformer, 1978. – 48 G. FRANZ: Der deutsche Bauernkrieg, 9. Aufl. 1972. – 49 Z III Nr. 48, aber 1526. – 50 In: K. KAEZEROWSKY (Hg.): Flugschriften des Bauernkrieges, 1970.

aus mit Frankreich und Venedig gegen Habsburg. Er stand in geheimen Beziehungen zu Zwingli. Zwinglis „Feldzugsplan"[49] von 1526 spiegelt Gaismairs Einfluß; Gaismairs Entwurf einer „Tiroler Landesordnung"[50] 1526, denjenigen Zwinglis.

Eine erste Entscheidung fiel in *Chur* 1527 mit der Einführung des Abendmahls in den Stadtkirchen. In Dom und Klosterkirchen blieb die Messe. Aber nun machte die Reformation im Zehngerichtebund Fortschritte.

Chur erreichte die Aufhebung der Jurisdiktion des Bischofs 1529 nicht. Doch festigte sich die *evangelische Kirche*. Rückschläge nach der Schlacht bei Kappel 1531 sind nicht zu beobachten.

XII. Angriff, Niederlage, Verlust, Bestand
Der Zweite Landfriede

Escher 1882. – O. VASELLA: Zwingli und seine Gegner. Rez. v. OF IV (kath.) ZSKG 1962/4, 281–300. – F. STRAUB: Zürich und die Bewährung des Ersten Landfriedens 1529/30, 1970. – H. MEYER: Der Zweite Kappeler Krieg. Die Krise der schweizerischen Reformation. 1976. – H. A. OBERMAN: Dichtung und Wahrheit – das Wesen der Reformation aus der Sicht der Confutatio. In: E. ISERLOH (Hg.): Conf. Aug. u. Confutatio, 1980. –

1. Zürich

In Zürich konsolidierte sich die reformierte Kirche; sie wurde vom Volk zu Stadt und Land getragen[1]. Die Räte entließen 1528 widerstrebende Mitglieder. Das *Mandat*[2] vom 26. März 1530 ordnete das kirchliche und sittliche Leben. Die Prophezey vollendete mit der „Prophetenbibel"[3] vom 1. März 1529 ihr Übersetzungwerk noch vor den Wittenbergern; fast gleichzeitig erschien eine Ausgabe für süddeutsche Leser. 1531 legte *Froschauer* seine ganze *deutsche Bibel* vor. Zwingli widmete Philipp von Hessen die Erweiterung seiner Marburger Predigt „*De providentia*"[4], ein schwieriges Buch, keineswegs pantheistisch, aber Gnade und Allmacht Gottes in thomistischen Begriffen zusammenschauend.

Es gab auch Mißstimmung. Der Landfriede schuf eine Dauerspannung; Zürichs aggressive Außenpolitik wollte diese durchbrechen, aber die zahlreichen Aufgebote, überhaupt der Gedanke an Krieg, waren unpopulär[5]. Die Zurückstellung erfahrener Offiziere zugunsten „zuverlässiger" trennte die einstigen Reisläufer von ihren vertrauten Anführern. Es gab immer noch Widerstand gegen die Reformation; doch durchsetzen konnte er sich sogar nach Kappel nicht mehr. Zwinglis Ungeduld scheint auch Männer dazu gerechnet zu haben, die gut evangelisch, aber nicht kriegerisch gesinnt waren[6].

Das Problem des *Rechts der Reformation* und ihrer Ausbreitung war nicht gelöst. Daraus ergaben sich als außenpolitische Ziele a) die Stärkung der Machtstellung Zürichs und Berns; b) Koalition aller evangelischen Fürsten und Städte. Zwinglis Theologie motivierte diese Ziele geistig; dabei dachte er persönlich an eine Neuordnung der Bünde, welche die altgläubige Ständemehrheit brechen sollte.

1 Z VI/II 817 (Zwingli an Karl V.). – 2 EAk Nr. 1535/36, 1656. – 3 Zwinglis Vorrede Z VI/II 283–312. – 4 Z X 422, 9 f. – S IV 79–144 (erscheint in Z VI/III. – 5 Stumpf Chronik 144. – 6 H. MEYER 89–110. – 7 Bull. II 368. – 8 H. MEYER 80–89. – 9 E. FABIAN: Ge-

Er erstrebte eine Eidgenossenschaft, die überall das „Gotzwort" frei predigen ließ; Glaube und Gemeinden würden dann von selbst entstehen. Allerdings müsse Macht und Ansehen der Innerschweizer Pensiöner, die militärisch und wirtschaftlich den Kern des Widerstands dagegen bilden, gebrochen werden[7].

Lenker der Zürcher Politik war Zwingli nie[8]. Den allmächtigen „Heimlichen Rat", der sein Werkzeug gewesen sein soll, hat es nie gegeben. Wie in Basel, Bern und vielen andern Städten wurden außenpolitische Fragen von sechsköpfigen Spezialkommissionen aus Bürgermeistern und Zunftmeistern vorberaten. Solche „Heimlichen Räte" sammelten Informationen und stellten Antrag an die Räte, bei denen die Entscheidung lag. Seit 1529 wurde Zwingli oft als Gutachter beigezogen. Seine Kenntnisse und Verbindungen gaben ihm eine starke Stellung, und die wiederholt Beauftragten wuchsen natürlicherweise zu einem führenden Gremium zusammen. Doch waren ihre Vorschläge fast nie identisch mit denjenigen Zwinglis, und die Kompetenzen der „Heimlicher" blieben stets sachlich und zeitlich begrenzt[9].

2. Bündnisbestrebungen. Augsburg 1530

1. Der Großteil der *süddeutschen Reichsstädte* wurde oberländisch reformiert. Ihre Situation war heikel: gegen die Gelüste der Territorialfürsten mußten sie zum Kaiser halten, der sie doch als Habsburger ebenfalls bedrohte. Ihre einzige Waffe war ihr Geld, oder dessen Verweigerung. Sie dachten an Schweizerische Waffenhilfe; der Wiener Hof fürchtete dieselbe[10]. Von *Philipp von Hessen* stammte jener Plan einer europäischen antihabsburgischen Koalition, den Zwingli begeistert aufgriff. Er erstrebte ein Bündnis aller Protestanten ungeachtet ihrer Lehrunterschiede. Die Partei *Johanns von Sachsen* aber machte am 16. Oktober 1529 zu Schwabach nicht die Marburger, sondern die sogenannten Schwabacher Artikel zur Aufnahmebedingung, obwohl Philipp persönlich sie beiseite schob. Dieselben waren vielleicht noch für Straßburg, nicht für die Schweiz erträglich. Aber der Kurfürst wollte nicht in die Gesellschaft notorischer Aufrührer geraten. Der gewandte Landgraf trat dann als Verbindungsglied sowohl dem Schmalkaldischen Bund als auch dem Christlichen Burgrecht bei.

Die große Enttäuschung Zwinglis brachte der *Städtetag zu Biberach*[11] vom 30. Dezember 1529: Acht Städte beschlossen, keinem Bündnis beizutreten, denn Bürgermeister Besserer von Ulm wollte dem Kaiser ihre Loyalität bezeugen. So kamen die Städte ungeeinigt und unvorbereitet nach Augsburg.

2. Am *Reichstag in Augsburg*[12] im Sommer 1530 distanzierten sich die Lutheraner unter Kursachsens Führung demonstrativ von den Oberländern und den Schweizern. Philipp von Hessen bemühte sich um Verbindung, doch reiste er am 6. August plötzlich ab[13], vermutlich um sich einer Verhaftung zu entziehen, nachdem sein „Verständnis" mit Zürich (30. Juli) ruchbar geworden war. Trotzdem gelang es der kursächsischen Diplomatie nicht, Melanchthons (juristischer) Fiktion, „der Span" gehe nur „um etliche Mißbräuche"[14], Anerkennung zu verschaffen.

---

heime Räte ... 1974. – W. JACOB: Zwingli und „der" Geheime Rat, Zwa XIII/4, 1970. – 10 ESCHER 284. – 11 WK II 177–179. – 12 W. KOEHLER: Der Augsburger Reichstag v. 1530 u. d. Schweiz SZG 1953/2. TH. A. BRADY JR.: Jacob Sturm of Strasbourg and the Lutherans at the Diet of Augsbourg 1530. ChH 1973, 183–202. – 13 H. GRUNDMANN: Landgraf Philipp von Hessen auf dem Augsburger Reichstag 1530. SVRG Nr. 176, 1959. – ZwRef 511. – 14 CA nach Art. 21. – 15 E. FABIAN: Quellen z. Gesch. d. Reformationsbündnisse, 1967,

XII. Angriff, Niederlage, Verlust, Bestand. Der Zweite Landfriede 1531

Der *„scharfe Reichstagsabschied"* bedeutete eine neue schwere Bedrohung der Reformation, besonders der Städte. Daß Augsburg 1530 trotzdem auf die Dauer ein Sieg des Protestantismus geworden ist, lag einmal daran, daß die Türkengefahr den Kaiser band; der Zeitgewinn verschaffte der Reformation weitere Ausdehnung und de-facto-Anerkennung. Sodann führten die lutherischen Fürsten die Preisgabe der Städte nicht durch. Doch nicht zum wenigsten bewährte die knappe CA mit ihren einprägsamen Sätzen ihre geistliche Kraft.

Die *Fünf Orte* erbaten durch eine Gesandtschaft beim Kaiser die Erneuerung des Ferdinandeischen Bündnisses; sie bekamen nur aufmunternde Worte. Jedoch brachte ihnen das neue Bündnis des Kaisers mit den katholischen Fürsten Entlastung.

3. Zürich erweiterte seine Bündnisbestrebungen; teilweise ergriff Zwingli dabei, mit Wissen des Heimlichen Rates, die Initiative, um dann den Räten konkrete Projekte vorlegen zu können.

Das *Christliche Burgrecht*[15] umfaßte im Oktober 1529 Zürich, Konstanz, Bern, St. Gallen, Biel, Mülhausen, Basel, Schaffhausen. Am 5. Januar 1530 fand Straßburg Aufnahme[16]. Am 18. November 1530 kam endlich das *„Christliche Verständnis"*[17] zwischen Zürich, Basel, Straßburg und Philipp von Hessen zustande. Bern, soeben wieder im Krieg mit Savoyen, wollte keine neuen militärischen Verpflichtungen eingehen. Philipp gründete am 31. Dezember 1530 mit Kurfürst Johann von Sachsen u.a. den Schmalkaldischen Bund, der nunmehr die Annahme der Augustana forderte. Bald traten auch die Tetrapolitana-Städte bei, indem diese als mit der CA übereinstimmend erklärt wurde. Zürich und Basel waren zum Beitritt geneigt; er scheiterte an Zwinglis Widerspruch gegen die konfessionelle Bedingung[18].

4. *Philipp* wollte die Libertät der Fürsten und ein gemeinsames Vorgehen aller Protestanten stärken[19]. Zunächst suchte er schweizerische Söldner für die Rückführung Herzog Ulrichs nach Württemberg, auf die Dauer eine europäische Koalition gegen Habsburg. Mit Holstein, Dänemark, Frankreich, Ungarn pflegte er bereits Verbindungen. Die *Burgrechtsstädte* übten diesen Plänen gegenüber Zurückhaltung; Philipp erreichte nicht einmal den Soldvertrag. *Bern* lehnte alle Reichspolitik ab; ihm waren die Hände im Westen gebunden. Allein *Zürich* dachte anders: es wollte die Umklammerung vom Reich her aufbrechen. *Zwinglis*[20] Ziel war die Erneuerung der Eidgenossenschaft durch die evangelische Predigt; diese mußte gegen die Fünf-örtigen „Oligarchen", den Papst und den Kaiser geschützt werden – ein revolutionäres Ziel, das eventuell eine Neuordnung der Bünde, jedenfalls ein umfassendes Bündnissystem verlangte. Seine Enttäuschung war die Neutralität Berns. Dies hätte nicht das letzte Wort bleiben müssen.

5. Die Verhandlungen, die Zürich für die Burgrechtsstädte, Philipp von Hessen und Ulrich von Württemberg nunmehr mit *Venedig*[21] (durch Rudolf Collin und Michael Gaismair), mit *Frankreich*[22] (Collin am 11. Oktober 1531 in Paris) und mit *Mailand* aufnahm, brachen sämtlich infolge der Niederlage bei Kappel ab.

6. Zwinglis Bündnisbestrebungen bezweckten zunächst eine evangelisch-geeinigte Schweiz; in ihrer antihabsburgischen Frontstellung setzten sie eine solche

---

238 f. – **16** EA IV/1 b 1488–1493. – **17** EA IV/1 b 1514–1516. – **18** Z XI Nrn. 1167–1169. – **19** R. HAUSWIRTH: Landgraf Philipp von Hessen und Zwingli, 1968 (Lit.). – **20** E. KOBELT: Die Bedeutung der Eidgenossenschaft für Huldrych Zwingli, 1970. – **21** W. KOEHLER: Zwingli und Italien. Fs P. Wernle, 1932, 35 ff. – **22** Hauswirth 185–192 (Lit.) 261 f. –

bereits voraus. Sie beweisen, daß er auf baldige Freigabe der biblischen Predigt in den katholischen Orten hoffte. Diesem Ziel galt besonders das Vordringen in der Ostschweiz.

3. Offensive in der Ostschweiz

1. Der *Erste Landfriede* steigerte Spannung, Mißtrauen und Haß. Das Recht der Reformation war nicht gesichert. Als Zwingli nach Marburg ritt, stand er vor Europa als Sieger da; er selbst fühlte sich keineswegs als solcher. Schicksalhaft wurde Zürichs *Uneinigkeit mit Bern*[23]. Auch nach Manuels Tod (28. April 1530) dominierte Berns Abneigung gegen den Bürgerkrieg, sogar diejenige gegen die Stärkung der Gemeindeautonomie in den Gemeinen Herrschaften durch die Reformation. Zürichs Boten hingegen organisierten dort in den Dörfern eifrig *Abstimmungen*, solange bis das Mehr evangelisch ausfiel.

2. Zürich ging daran, die geistlichen Territorien der *Abtei St. Gallen*[24] in eine Gemeine Herrschaft zu verwandeln. Hier prallte Artikel 1 des Landfriedens auf die Rechte des Reichsfürsten wie diejenigen der dagegen protestierenden Orte Luzern und Schwyz. Den turnusgemäßen Luzerner Schirmhauptmann ließ Zürich 1530 nicht aufreiten; es müsse die Untertanen gegen einen Mönch als Landesherrn schützen.

3. Als im März 1531 *Giangiacomo di Medici*[25], Kastellan von Musso, mit 18 000 Mann ins Veltlin einbrach und die Acht Orte, nicht aber die Fünf, den Graubündnern vertragsgemäß ihre Hilfskontingente schickten, galt der „Müsser" als ein Werkzeug Habsburgs, denn er zwang die Städte zur Zersplitterung ihrer Kräfte. Dabei blieb Zürich auch, als sich herausstellte, daß er ein privater Abenteurer war.

4. In der Tat wollten Karl V. und Ferdinand von Österreich noch 1531 losschlagen[26]. Nur die plötzlich wieder akute Türkengefahr hielt sie ab. Die Burgrechtsstädte konnten diesen Krieg nicht abwarten mit dem Feind im Rücken. Sie durften auch die evangelischen Gemeinden in den Gemeinen Herrschaften nicht der Überzahl katholischer Vögte preisgeben. Den Krieg lehnten sie ab; stattdessen setzte Bern am 16. Mai 1531 eine *Lebensmittelsperre* gegen die Fünf Orte durch – eine unpopuläre Maßnahme, die zudem dem Gegner die Initiative zuspielte. Die Vermittlungsverhandlungen zogen sich bis in den Oktober hin, da Zürich auf der Forderung evangelischer Predigt und auf Bestrafung der privaten Pensionen bestand. Bern hatte einen Aufstand des Volkes in der Innerschweiz erwartet; stattdessen wehrte sich dieses dagegen, von den „lutherischen Ketzern" zum Abfall vom Glauben gezwungen zu werden[27].

5. Im Sommer 1531 muß Zwingli selbst auch in Zürich auf harten Widerstand gestoßen sein. Als bei den Schiedsverhandlungen nichts für die Glaubensgenossen in den Herrschafteien und für die Predigt in den Fünf Orten erreicht wurde, legte der „Wächter" seine Verantwortung nieder und erklärte am 26. Juli 1531 seinen

---

23 H. R. LAVATER: Zwingli und Bern. In: 450 Jahre Berner Ref., 1981. (Lit.). – J. P. TARDENT: Niklaus Manuel ... 1967. L. v. MURALT: Berns westliche Politik zur Zeit der Reformation, 1928. In L. v. M. Historiker. – **24** L. v MURALT: Zwingli u. d. Abtei St. Gallen, In: Fs H. v. Greyerz, 1967 (Lit.). – **25** F. BERTOLIATTI: La guerra di Musso, 1948. – **26** K. BRANDI: Kaiser Karl V., 1937, 272 ff. – P. JOACHIMSEN: Die Reformation als Epoche ... hg. O. Schottenloher, 1951, Neudr. 1970, 226. – **27** Bull II 397. – **28** Stumpf 166. – Bull III 15. – ZwRef

Rücktritt[28]. Eine Delegation erreichte, daß er am 29. zu bleiben versprach „bis in den todt". Die Opposition wurde keineswegs gefügiger[29].

6. Schiedsleute, Gegner und Verbündete erkannten *Zürichs* Isolierung und *Unsicherheit*. Militärisch fühlte es sich mit seiner Artillerie im Vorteil. Aber seine Offiziere hatten z.T. keine Erfahrung und der Krieg war unpopulär. Straßburg lieh kein Geld, Basels Handel war durch das Embargo geschädigt, Bern wollte sich mit der Ahndung von Schmähreden begnügen, um im Westen die Hände frei zu bekommen. In diese Verwirrung fuhr am 9. Oktober die Kriegserklärung.

4. Der Zweite Kappeler Krieg. Zwinglis Tod

1. Mit der Mobilmachung zögerte man, wohl um nicht als Angreifer zu erscheinen, was Berns Hilfe in Frage gestellt hätte. Dann zersplitterte sie sich und versagte. So kam es, daß am 11. Oktober 1531 bei *Kappel* am Albis höchstens 2500 vom Marsch übermüdete Zürcher unter Hauptmann Hans Rudolf Lavater[30] etwa 8000 wohlgerüsteten Fünförtigen unter Wolfgang Kolin[31] gegenüberstanden[32]. Als 4 Uhr nachmittags niemand mehr mit einem Angriff rechnete, befahl Lavater Rücknahme der Geschütze in sichere Position, setzte sie damit vorübergehend außer Betrieb und riß seine Flanke auf. Eine Bande von 80 „freien Knechten" warf sich ohne Befehl in die Lücke; der Hauptharst ging dann planmäßig vor. Die Zürcher gliederten sich rasch und hielten zwei Angriffe auf, dann wichen sie. Die Schlacht dauerte eine knappe Stunde[33]. 400 Zürcher fielen, darunter eine lange Reihe eifriger Anhänger der Reformation. Das Stadtbanner wurde gerettet. Die Innerschweizer verloren gegen 100 Mann. *Zwingli*, als Feldprediger mitgezogen, „fiel tapfer kämpfend"[34]; bis zuletzt hatte er seinen Mitkämpfern Mut zugesprochen[35]. Die Sieger „behielten" nach altem Brauch drei Tage und Nächte das Feld. Die Dezimierung der geistlichen Führung (25 Geistliche, darunter auch Konrad Schmid) bedeutete die eigentliche Niederlage.

2. Denn militärisch hätte das Gefecht nicht den Ausschlag geben müssen. Nach Sammlung und Vereinigung mit den Bernern und den übrigen Verbündeten lagerten am 20. Oktober 25000 Reformierte am Zugerberg, doppelt so zahlreich wie die Katholiken. Auch die Schlappe einer Umgehungstruppe am *Gubel* in der Nacht zum 24. Oktober brach diese Überlegenheit nicht; die Blockade lähmte den Gegner. Kriegsentscheidend wurde der von Bern zum 4. November durchgesetzte *Rückzug* auf Bremgarten; Bern schonte seine Truppen, da es das Eingreifen der

---

358. 527 (Lit., Diskussion). – **29** Übertriebenes Gewicht mißt die Literatur dem fälschlich sogenannten „Geheimen Ratschlag" zu (S II/III 101–107; BRZ 318–326); ein Protokoll unausgereifter Beratungen in vertrauten Kreisen, ohne Folgen. ZwRef 528 (Lit.) G.W. LOCHER: Zwinglis Politik, Gründe und Ziele, ThZ 1980, 84–102. – **30** H.P. STUCKI: Bürgermeister Hans Rudolf Lavater, 1973. – **31** Bull III 114. – **32** Die Quellen nennen verschiedene Zahlen. Bull III 113, 124: 2000 gegen 8000. H. Meyer (152. 388. 390) kommt nach Vergleich aller Angaben auf 3500 gegen 7000. Es ist aber angesichts der Distanzen bei den Zürchern mit geringerem, bei den Fünf-Örtigen mit stärkerem Zulauf zu rechnen, als H.M. schätzt. – **33** H. MEYER 154, 392, aufgrund der Quellen, in Korrektur der Lit. (auch ZwRef 533, „eine Viertelstunde"). – **34** Stumpf II 172,34. – Bucer an Blaurer 23. Okt. 1531, BRZ 346. – Bucer an Melanchthon 24. Okt. 1531 Zwa XIV/9, 1978, 482. – Myconius Vita Zw., Rüsch 72f. – **35** Andertags erkannt verfiel er nach germanischen Rechten einem postumen Gericht: er wurde als Aufrührer geviertelt, als Ketzer verbrannt und (als Asche) ertränkt. Also keine Leichenschändung, wie bereits einige volksfremde humanistische Chronisten meinten. – **36** MAEDER VM 167–183. – **37** Text EA IV/1b 1567–1571. Bull

Savoyer und Österreicher fürchtete. Zürich mußte rasch sein Seeufer selbst schützen. Die Erfahrung, daß Bern nicht ernsthaft half, ließ das „Christliche Burgrecht" in Erbitterung auseinander brechen.

3. Zur Enttäuschung der Verbündeten, auch Philipps von Hessen, schloß Zürich am 16. November 1531 den *Zweiten Landfrieden*. Die Fünf Orte griffen gerne zu. Bern übernahm den Vertrag am 24. November, am 22. Dezember 1531 und 31. Januar 1532 folgten Basel und Schaffhausen. Der *Zusammenbruch des Kampfwillens* war geistig bedingt. Der Tod führender Prediger wirkte sich aus. Bern war widerwillig, Zürich mit gespaltenem Gewissen ins Feld gezogen. Die alte eidgenössische Solidarität wog schwerer als die erst entstehende protestantische [36]. Politisch war Zürich allein vom Ziel einer evangelischen Eidgenossenschaft überfordert, während Berns Befürchtungen im Westen begründet waren.

5. Der Zweite Landfriede [37] und seine Folgen

1. Art. I legt die Religionshoheit der regierenden Orte in ihren jeweiligen Gebieten fest. In den Frieden wurden alle Verbündeten eingeschlossen, außer den Freien Ämtern. Bremgarten, Mellingen, Toggenburg, Gaster und Weesen. Art. II: In den Gemeinen Herrschaften dürfen die reformierten Gemeinden beim „neuen Glauben" bleiben oder zum „alten wahren Glauben" zurückkehren [38]. Nur die Katholiken können Minderheitsgemeinden gründen; in diesen Fällen sind die Kirchengüter nach „Marchzahl" zu teilen. Evangelische Minderheitsgemeinden sind rechtlos. Art. III: Zürich verzichtet auf Einflußnahme, wo es keine „Regierung" hat, d. h. in den St. Gallischen Gebieten. Art. IV hebt das Christliche Burgrecht und den Ersten Landfrieden auf. Art. V–VIII regeln Rückzahlung der Kriegskosten von 1529, die neuen Entschädigungen und Einzelheiten. In Art. IX verspricht man freien Handel (Aufhebung der Sperre) und „Wandel durcheinanderen": unbehelligte Durchreise auch des Andersgläubigen; das war neu seit 1526.

2. Eine *Beurteilung* muß die Mäßigung der Sieger anerkennen. Man stellte gemeinsam die Eidgenossenschaft wieder her. Doch auch die Reformation blieb erhalten, verzichtete freilich auf weitere Ausbreitung. Beide Parteien empfanden diesen Spaltungszustand als erzwungenes Provisorium. 24 Jahre vor dem Augsburger Religionsfrieden setzten die Schweizer den Grundsatz „Cuius regio eius religio" in Kraft. Bitterkeit und Gewissensnot pflanzte der Vertrag in den Vogteien. Erstaunlich viele Gemeinden blieben evangelisch. Doch die „Parität" auf den Dörfern förderte die Gegenreformation.

3. Auf lange Zeit hob das rechtliche Übergewicht der katholischen Stände das wirtschaftliche und kulturelle der reformierten auf. Diese heikle Verklammerung zwang die Schweiz zur Ausbildung ihrer *Neutralität*. Erst der Sieg Berns und Zürichs 1712 stellte im Vierten Landfrieden die Gleichberechtigung her.

4. Die Hoffnung Philipps von Hessen, Ulrichs von Württemberg und vieler Reichsstädte auf etwaige schweizerische Waffenhilfe war zerronnen. Doch ist die verbreitete Vorstellung, Kappel habe die Ausbreitung des Zwinglianismus abrupt abgebrochen, unrichtig. Derselbe hat vielmehr, in Verbindung mit den Einflüssen Bucers und Blarers, zwischen 1532 und 1545 seine weiteste *Ausdehnung* entfaltet [39].

III 247–253. – 38 Katholisch gebliebene Gemeinden konnten nicht mehr reformieren. (Die in der Lit. häufige Angabe, sie „dürften ihren Glauben weiterhin selbst wählen" ist unrichtig. – 39 Moeller Reichsstadt 67. – 40 G.W.L.: Bullinger und Calvin. In: HBGes A II. –

5. Gegenüber der bisherigen Bewegung weist der nun einsetzende *Spätzwinglianismus* deutliche Änderungen auf. Das Blutopfer von Kappel vertiefte auf die Dauer das reformatorische Bewußtsein. Doch Zwinglis Ziel einer evangelisch, auch gesellschaftlich erneuerten Schweiz war aufgegeben. Seine Nachfolger konzentrierten sich auf geistliche Festigung und Ausbreitung des Glaubens. Das zwinglische Erbe tritt in eine konservative, intensiv pastorale Phase ein[40].

6. Unter den *Rückwirkungen auf die gesamte Reformation* führt eine Linie von Kappel 1531 zu den Niederlagen des Schmalkaldischen Bundes 1546/47. Der erste Erfolg der Gegenreformation stärkte dieselbe an allen Fronten. Der deutsche Protestantismus mußte sich nunmehr via Wittenberger Konkordie 1536 an das kaisertreue Kursachsen anlehnen. Er verlor durch die Schwächung seines oberdeutsch-städtischen Flügels allmählich auf Jahrhunderte sein aktiv-bürgerliches Motiv[41].

7. *Zwinglis Politik*[42] war nicht „utopisch"[43]. Es gab in Europa zahlreichen Widerstand gegen das Übergewicht Spanien-Österreichs. „Alle diese Oppositionen vereinigt hätten damals (1531) vielleicht schon das Haus Habsburg in Deutschland gestürzt..."[44]. Zwinglis politische Fehler lagen außenpolitisch in der Unterschätzung der Reichsloyalität der Reichsstädte und der Überschätzung der zeitlichen Dringlichkeit der von Kaiser und Papst her drohenden Gefahren. Innenpolitisch unterschätzte er die Treue der Länderorte zur katholischen Kirche und zu ihren im Feld bewährten Anführern. Schließlich überforderte er Zürich im Ringen um die Gesamteidgenossenschaft.

6. Krise und Bewährung. Bullinger

1. Die Niederlage bewirkte in Zürich eine tiefe Unsicherheit. Eine Rekatholisierung, wie sie unter den Aristokraten diskutiert wurde, wäre zwar am Widerstand des einfachen Mannes in Stadt und Land gescheitert. Aber bezeichnenderweise verlor sich sofort der Respekt vor den Sittenmandaten. Einstweilen hatten Zwinglis Gegner das Heft in Händen. Das Gerücht, Karl V. wolle gegen Zürich vorgehen, verbreitete neuen Schrecken. Nuntius Filonardi offerierte Verhandlungen über die Bezahlung der Soldschulden des Papstes – eine gefährliche Versuchung.

2. Der Volkszorn wandte sich gegen die „Pfaffen und Kriegsschreier", besonders gegen *Leo Jud*. Dessen Bußpredigt und Unerschrockenheit trugen aber entscheidend dazu bei, daß Räte und Bürgerschaft sich faßten. Nicht zuletzt verdankte der Stadtstaat seine Erholung der Loyalität der *Landschaft*.

3. Am 9. Dezember 1531 ernannte der Rat *Heinrich Bullinger*[45] zum Pfarrer am Großmünster. Der 27jährige Nachfolger Zwinglis, soeben aus seiner Heimat Bremgarten vertrieben, hatte in seinen Predigten zum Frieden gemahnt, aber Zwinglis Vertrauen behalten. Gleichzeitig verpflichtete der Rat die Pfarrerschaft nachdrücklich auf den 4. Meilener Artikel, sich nicht in Staatsgeschäfte zu mischen. Bullingers sorgfältig formulierte Antwort vom 13. Dezember versprach das, behielt jedoch vor, dazu „unverdunkelt" schriftgemäß zu predigen[46]. Nach 4stündiger bewegter Verhandlung erfolgte die Antwort: „... üch allt und nüw testament ze lassen ... vertruwend ... ir werdend uff fryd und ruw stellen." Mit dieser Anerkennung des Wächteramtes der Kirche war die Zürcher Reformation gewahrt.

41 B. MOELLER: Die Kirche in d. ev. freien Städten Oberdeutschlands im Zeitalter der Ref. Zs. f. d. Gesch. d. Oberrheins 1964, 147–162. – 42 G.W.L. s.o. Anm.29. – 43 So nach erneuter, eingehender Begründung Hauswirth 257–259. – 44 P. JOACHIMSEN (s.o. Anm.26) 210f. – 45 F. BLANKE: Der junge Bullinger, 1942. – 46 Bull III 294. – 47 F. RUDOLF: Ein

4. *Bern* hatte aus politischen Gründen Zürich und die Gemeinen Herrschaften ihrem Schicksal überlassen. Es stand ungeschwächt da, doch seine Ehre hatte gelitten. Auch hier hielt das Landvolk an der Reformation fest. Die Vorwürfe *Meganders* trafen aber die Gewissen. Um so energischer schärfte Bern den Prädikanten ein, man wolle beim Gotteswort bleiben, sie dürften aber nicht mehr in die Politik hineinreden. Die „Entfremdung"[47] zwischen Bern und Zürich legte sich rasch; spätestens mit der Ersten Helvetischen Konfession[48] (1536) war Friede geschlossen. Doch ließ die Berner Kirche noch jahrelang innere Unsicherheit verspüren.

5. In *Basel* starb der erschütterte Oekolampad am 24. November 1531 an einer Blutvergiftung. Noch im Dezember berief der Rat *Oswald Myconius* aus Zürich. Er stärkte im Basler Kirchenwesen den humanistischen Zug.

7. Erneute Konsolidierung

1. In *Zürich*[49] schickte sich der Alt-Zwinglianer *Leo Jud* nicht in den Frieden. Er begrüßte am 24. Juni 1532 den wieder zusammentretenden Baptistalrat, der im Jahr zuvor den Vertrag von Deinikon geschlossen hatte, mit einer Bußpredigt, die konkret nur als Forderung eines neuen Kriegs zu verstehen war[50]. Der Rat konnte ihn nicht absetzen, da er Leos Ansehen im Volk und den Schein fürchtete, man „wolle wieder päpstlich werden". Bei der Vorladung der Pfarrerschaft am 27. Juni 1532 spielte der trotzige Jud unwidersprochen auf reaktionäre Umtriebe an. *Bullingers* Geschick brachte der siebenstündigen Verhandlung die Lösung: Der Rat erteilte den Prädikanten eine bemerkenswerte Erklärung. Er lasse das Vergangene ruhen. Sie sollen biblisch und frei predigen. Haben sie eine Beschwerde an die Obrigkeit, so sollen sie dieselbe dem Rat vortragen; sie werden unverzüglich angehört. Würde der Sache dann nicht abgeholfen, dürfen sie auf der Kanzel davon reden[51]. Mit dieser Institution des „*Fürtrags*" fanden Wächteramt und Predigtfreiheit eine konkrete Form, die das eigentümliche Zusammenwirken von Kirche und Staat in der Schweiz bis heute prägt.

2. Als Zeichen der Festigung wirkt Zürichs *Kirchenordnung*[52] vom 22. Oktober 1532. Sie regelte Examina, Pfarramt, Gottesdienste, Kinderlehre und Synode (der Geistlichkeit, doch acht Ratsmitglieder; „ecclesiastica auctoritas in sacris"). Die Ordnung blieb 300 Jahre fast unverändert.

3. Die ungefestigte *Berner Kirche* hatte bereits ein hilfreiches Dokument empfangen. Unter Führung *Wolfgang Capitos* hatte die Synode vom 9.–14. Januar 1532 den Streit mit Megander geschlichtet und den *Berner Synodus*[53] vorgelegt: eine einzigartige Synthese aus Bekenntnis, Kirchenordnung und pastoralen Ratschlägen. Inhaltlich bietet er eine evangelische Fassung der devotio moderna; zugrunde liegt eine Lehre vom „Gang der Gnade" in Straßburger Geisttheologie. Die Sakramentslehre ist ultrazwinglianisch. Der Bann sei bei gewissenhafter Seelsorge überflüssig. Eine christliche Obrigkeit verdiene Vertrauen, – hat aber Anspruch auf prophetische Kritik. – Der Synodus hat die Berner Kirche nicht stark geprägt, aber oftmals angeregt.

Aussöhnungsversuch zwischen Zürich und Bern. Zwa VII/8, 1942, 504–521. **48** EFK. MÜLLER Nr. 7. – **49** H. U. Bächtold: Bullinger und d. Krise d. Zürcher Ref. 1532, HGBesA I, 1975, 269–289. – **50** Bull III 320–322. – **51** Ib. 328f. – **52** EAk Nr. 1899. – **53** Verbreitete Neuauflage 1728. Neusprach. Ausg. A. Schädelin 1953, M. Bieler 1978. Wissensch. Edition v. G. W. L. u. a. 1982. – **54** EFK. Müller Nr. 8. – **55** Bei Thomas Platter in Basel.

4. In *Basel* sicherte Myconius die Reformation. Sein *Erstes Basler Bekenntnis*[48] 1534 entlarvte papistische und anabaptistische Wühler; der zwinglianische Abendmahlsartikel wehrt den Vorwurf eines „Mahls ohne Christus" ab: Christus ist „die Speise der gläubigen Seele zum ewigen Leben". Gegenüber der Augustana fallen die reichlichen biblischen Belege auf. Die reformierte Bekenntnisbildung fand hier ihren Stil.

5. Im Auftrag der reformierten Städte entstand Anfang Februar 1536 die *Confessio Helvetica prior* (Zweites Basler Bekenntnis)[54]. Unter Bucers Einfluß enthielt die lateinische Fassung einige Annäherungen an lutherische Abendmahlsformeln; natürlich vergeblich. Offiziell wurde Leo Juds lebendige deutsche Übertragung.

6. An diese innere Festigung der schweizerischen Kirchen ist bei ihrer freundlichen *Ablehnung der sog. Wittenberger Konkordie* 1536 zu erinnern, während Bucer die von ihm miterbauten süddeutschen Kirchen selbst unsicher machte. Doch brachte dasselbe Jahr auch echte Vorstöße der Reformation: Bern eroberte die *Waadt* und sicherte in *Genf* Farels Reformation; *Calvin* veröffentlichte die erste Auflage der *Institutio*[55] und traf im Juli in *Genf* ein.

XIII. Die Waadt. Genf

G. GROSJEAN: Historische Karte der Schweiz, Bern o. J. – H. VULLEUMIER: Histoire de l'Eglise réformée du Pays de Vaud. Tome Ier, 1927. – CH. GILLIARD: La Conquête du Pays de Vaud par les Bernois, 1935. – Feller II. – Guggisberg. – H. NAEF: Les origines de la Réforme à Genève. I² 1968, II 1968.

1. Die Situation

Die *Waadt* gehörte als Reichslehen teils dem Herzog von Savoyen, teils dem Fürstbischof von Lausanne. Über die verkehrspolitisch zentrale Reichsstadt *Genf* übte faktisch der Bischof die Herrschaft aus. Da der Herzog den Bischofsstuhl mit Günstlingen besetzte, war ihre Freiheit gefährdet. Sie mußte sich zwischen Anschluß an das habsburgisch orientierte Savoyen oder Anlehnung an Bern und Freiburg entscheiden; die entsprechenden Parteien hießen „Mamelus" und „Eiguenots".

Herzog Karl III. besetzte 1519 Genf und zwang es 1525, seine Herrschaft anzuerkennen. Aber Bern und Freiburg schlossen 1526 mit Genfs Flüchtlingen ein Burgrecht und führten sie zurück. Genf sagte dem Herzog ab; ein zermürbender Kleinkrieg begann. Der „Löffelbund" des waadtländischen Adels blockierte die Straßen und legte Genfs Versorgung und Handel lahm. Als der Herzog vor der erschöpften Stadt Truppen sammelte, zogen im Oktober 1530 10000 Berner und Freiburger nach Genf; die Savoyer verschwanden. Der *Friede von St. Julien* entschied: Wenn Genf den Herzog schädigt, künden Bern und Freiburg Genf den Schutz; wenn der Herzog Genf schädigt, fällt die Waadt an Bern und Freiburg.

Als die Reformation in Genf eindrang, löste Freiburg Anfang 1534 sein Bündnis. Obwohl Genfs Räte katholisch waren, erklärte Herzog Karl die *evangelische Predigt als Friedensbruch* und schloß Genf seit Sommer 1534 belagerungsmäßig ein. Bern blieb untätig aus Furcht vor dem Kaiser. Da schickte sich Franz I. an, Mailand zu erobern und seinen Weg über Genf zu nehmen, das in seiner Bedrängnis bereits verhandelte. Dem mußte Bern zuvorkommen. Nach einem raschen Marsch befreite *Hans Franz Naegeli*[1] mit 6000 Mann am 2. Februar 1536 Genf. In einem zweiten Feldzug besetzte er auch die unverpfändeten Gebiete, u.a. die Burg Chillon und das *Fürstentum Lausanne*[2].

Bern eignete sich das Reichsvikariat über die Waadt an. Es ordnete die Verwaltung und setzte die Landvögte ein; die übrigen Posten wurden mit Einheimischen besetzt. Selbstverwaltungen und Gerichtsbarkeiten blieben bestehen. Das Volk, das unter der Willkür des Adels gelitten hatte, fügte sich willig.

2. Die Waadt

Durch *Farel,* der 1526 nach *Aigle* kam, hatte sich der evangelische Glaube im Waadtländer Oberland ausgebreitet.

Nach der Eroberung 1536 fühlte Bern sich zur Reformation verpflichtet – zugleich die Erschwerung einer Rückkehr der neuen Provinz zum angestammten Herrscherhaus. Die Freigabe der biblischen Verkündigung brachte beim Mangel an evangelischen Predigern keinen durchschlagenden Erfolg und an der sorgfältig organisierten *Disputation* vom 1. Oktober 1536 in *Lausanne*[3] stimmte nur ein Bruchteil des Klerus den Thesen zu. Doch Bern erklärte, die Gegner seien den Schriftbeweis schuldig geblieben, hob den katholischen Gottesdienst auf und führte die bernisch-zwinglische Kirchenordnung ein. Die Gemeinden waren zufrieden, denn sie erhielten Kirchengüter. So entstand das einzige geschlossen evangelische Gebiet in romanischen Landen.

3. Fürstbistum Lausanne

Von den ersten evangelischen Regungen ist wenig bekannt. Seit März 1523 begann Bischof Sebastian de Montfalcon mit harten Verfolgungen „lutherischer" Priester. Bern schickte 1529 Farel mit Schutzbriefen; er erregte wie üblich viel Anstoß, hinterließ aber Gemeindezellen. Der Rat war geteilt. Anfang 1536 predigte, gerufen von vornehmen Bürgern, *Pierre Viret*.

Als Bern das Fürstentum besetzte, wurde die Reichsstadt Lausanne Untertanenstadt, behielt aber ihre Privilegien. Die *Disputation*[4] vom 1. bis 9. Oktober 1536 in der Kathedrale stand unter Leitung *Peter Cyros. Farels Zehn Thesen*[5], lateinisch und französisch, setzten mit dem Opfer Christi ein und lehnten sich an Zwinglis Schlußreden von 1523 an. Das Domkapitel erschien nur unter Protest. Der katholische Wortführer war Dr.med. Claude gen. *Blancherose,* der reformierte *Viret*. Zur Abendmahlslehre griff zweimal der junge *Calvin* mit patristischen Kenntnissen ein[6]. Nur etwa ein Dutzend der 174 Kleriker erklärte sich überzeugt, doch der Eindruck auf die Öffentlichkeit war stark; wohl weil das Schweigen als Eingeständnis der Schwäche wirkte. So fanden die Mandate vom 19. Oktober und 24. Dezember keinen Widerstand.

---

1 HBLS V 230. Freund Farels, hochangesehen. – 2 FR. DE CRUE: La Délivrance de Genève et la Conquête du Duché de Savoie en 1536, JSG 1916, 231–296. – 3 Siehe Abschnitt 3. – 4 A. PIAGET (Ed.): Les actes de la dispute de Lausanne 1536, 1928. – R. DELUZ: La dispute de Lausanne ... 1536, Textes ... Introduction par H. MEYLAN, 1936. – Moeller Disputationen II, 1974, 344ff. – 5 Deluz (Anhang). EFK.Müller 110. – 6 CO (in CR) IX 877–886. –

4. Genf

1. Genf litt unter den französischen Schutzzöllen zugunsten Lyons; seine Einwohnerzahl war von 10000 auf 5000 zurückgegangen. Die *Eiguenots* hatten ihre Basis im wohlhabenden, konservativen Bürgertum; sie lehnten sich an Freiburg an. Die *Mamelus* rekrutierten sich aus der ärmeren Bevölkerung, der die Repräsentation des überzeugt katholischen Herzogs, des faktischen Herrn des Bistums, Verdienst und Schutz versprach. Der *Protestantismus* bot keinerlei politische Chancen, denn das erst seit 1528 evangelische Bern scheute den Kaiser, des Herzogs Schwager, und erfuhr schon mit Kappel 1531 den Rückschlag. Jahrelang war Bern für Genfs Hilferufe taub. Die Reformation mußte als religiöse Bewegung Wurzel schlagen.

2. Die ersten Regungen liegen im Dunkeln. Von Luthers Traktaten war nur wenig übersetzt. Doch 1529 standen die Eiguenots-Ratsherren Robert und Hughes Vandel [8] an der Spitze einer reformierten *Gemeinde*. Man muß Faber Stapulensis' Bibelübersetzung besessen haben; die Theologie war die zwinglische von Farels Sommaire.

3. In den folgenden Jahren wirkten *Farel*, Saunier, Olivetan und *Froment* in Genf; bis 1533 wurden sie alle ausgewiesen oder verjagt. Es gab blutige Tumulte, Verbote und unklare Ratserlasse. Gegen ein von Genfer Protestanten angeregtes Schreiben aus Bern, das die freie Predigt verlangte, schürte der Klerus am 28. März 1533 einen Volkszorn, der beinahe in einen Bürgerkrieg umschlug. In den Einigungsartikeln verpflichteten sich alle u. a., nach Gottes Geboten zu leben und keine Neuerungen einzuführen, „jusque à ce que généralement soit ordonné de vivre outrement"; zu predigen ist verboten „sans licence du supérieur et de MM les sindicques et conseil", dann aber muß die Predigt biblisch sein. Also: der „supérieur" muß die evangelische Predigt gestatten – ist das wirklich „la charte de la préréforme" [9] – nicht vielmehr der Freibrief für die Abwürgung dieser Predigt? [10]

4. Am 13. Juli 1533 verließ *Bischof Pierre de la Baume* heimlich seine Stadt und beteiligte sich an den Rüstungen des Herzogs. In Genf häuften sich die bewaffneten Aufläufe.
Der Prozeß gegen den Mörder eines erdolchten Protestanten hatte inzwischen die Konspiration von Herzog, Bischof, Dominikanern und Freiburg an den Tag gebracht, Genf dem Herzog zu unterwerfen. Daraufhin stärkten die *Neujahrswahlen 1534* die reformierte Ratspartei. Im März erreichte Bern, daß *Farel* Prädikant an der Klosterkirche de Rive wurde. Berichte über eine Taufe und eine Trauung lassen Zwinglis Formulare erkennen [11].

5. Am 15. Mai 1534 kündete Freiburg sein Burgrecht, was Berns Einfluß zugute kam. Am 31. Juli mißlang ein Überfall des Herzogs; dieser ging nun zur totalen Blockade über. Die öffentliche Predigt ließ die *Bewegung* jetzt rasch wachsen. Bischof Pierre verhängte darauf am 30. August 1534 über die Stadt das *Interdikt*, mit der Aufforderung, sie zu berauben. Der lange *Belagerungszustand* 1534/35 brachte Hunger und Kälte. Genf fühlte sich von Bern auf den Weg des Evangeliums gedrängt, dann aber im Stich gelassen. Daß es sich in dieser Zeit entschieden der Reformation zuwandte, war die geistige Seite seines Widerstandes.

7 G. REVILLIOD (Ed.): Antoine Froment: Les actes ... de Genève, 1854. – E. DOUMERGUE: Jean Calvin, Tome IIa, 1902. – CH. BORGEAUD: La conquête religieuse de Genève 1532–1536, B.N. 298–337. – 8 Vandel besuchte im Mai 1530 Zwingli. Naef II 245. – 9 Naef II 407. – 10 So auch H. A. OBERMAN: Werden und Wertung der Reformation, 1977, 253. – 11 Cf. Naef II 535–538; 556–559. – 12 TH. DUFOUR: Un opuscule inédit de Farel: Le

6. Am 30. Mai 1535 eröffnete der Rat im Kloster de Rive die *Disputation*[12] über *fünf* zwinglische *Thesen*[13] des bekehrten Franziskaner-Guardians *Jacques Bernard*. Sie wurde weitgehend sabotiert; der Bischof hatte die Teilnahme verboten. Die beiden Hauptopponenten, Jean Chappuis[14] OP und Dr. Peter Caroli[15] traten am Ende, 24. Juni, der Reformation bei.

7. Der Rat schob die Entscheidung auf, doch die *Bürgerschaft* erzwang am 8. August 1535 Farels Predigt in der Kathedrale; der Bildersturm schloß sich an. Ende November begann man die Messe abzuschaffen. Im Dezember ging Genf faktisch zur *Reformation* über[16]. Wichtig wurde Farels Aufbau während der Notzeit: er predigte, hielt Bittgottesdienste für die bedrohte Stadt, gründete eine Schule, bereitete eine Zuchtordnung und die Reformation der Landgemeinden vor.

Nach der Befreiung im Februar 1536 legte Naegeli Genf die Schutzherrschaft Berns nahe. Die würdige Weigerung der bedrängten Reichsstadt sicherte dieser ihre Freiheit und die künftige Eigenart und Ausstrahlung ihrer Reformation. Unter Berns Schirm warf sie die Kompetenzen des Herzogs und des Fürstbischofs ab und ließ nach Farels Vorschlag am 21. Mai 1536 die *Volksversammlung* die *Reformation* beschwören[17]. Der Vorgang war zugleich ein kirchlicher und ein demokratischer. Die Kirchenordnung war die zwinglische Farels. Aber Anfang August 1536 traf, von Ferrara her, *Johannes Calvin* ein. Er begann mit Vorlesungen. Bereits 1537 reichten Farel und er dem Rat neue Vorschläge ein.

XIV. Bullinger. Der Spätzwinglianismus

HB Bibl. – E. EGLI (Hg.): Hch. Bullingers Diarium 1504–1574, 1904. – C. PESTALOZZI: Heinrich Bullinger, 1858. – G. v. SCHULTHESS-RECHBERG: Hch. Bullinger als Nachfolger Zwinglis, SVRG 82, 1904. – E. DOLLFUSS-ZODEL: Bullingers Einfluß auf das Zürcherische Staatswesen..., 1931. – W. HOLLWEG: Bullingers Hausbuch, 1956. – J. STAEDTKE: Bullingers Bedeutung für die protestantische Welt (1961). In: DERS.: Ref. u. Zeugnis d. Kirche, 1978, 11–27. – DERS. (Hg.): Glauben u. Bekennen, 400 Jahre Conf. Helv. Post., 1966. – GWL in HZnS 275–304, 1969. – HBGesA 1975. – H. BABEL: Calvin, Le Pour et le Contre, 1976. – F. BUESSER: Art. Bullinger, TRE VII, 1980. – J. W. BAKER: Hch. Bullinger and the Covenant, 1980. – R. C. WALTON: Hch. Bullinger u. d. Autorität d. Schrift. In: Fs K. Aland, 1980, 274–297. – DERS.: Hch. Bullinger 1504–1575. In: J. RAITT (Ed.): Shapers of religious traditions... 1981. – W. NIJENHUIS: Art. Calvin. TRE VII 568–592, 1981. –

1. Die Epoche[1]

Die Epoche bis gegen 1590 gehört zur deutsch-schweizerischen Reformation, denn 1. hat dieselbe erst nach 1531 ihren Abschluß gefunden, 2. ist ihr Erbe vorwiegend in der kirchlichen und theologischen Umformung durch *Heinrich Bullin*-

---

résumé des actes de la dispute de Rive (1535). Mém. et docum. publ. par la Soc. d'hist. de Genève, 1886, 201–240. – Borgeaud 324 ff. Moeller II 340–344. – **13** Bernards Thesen sind verloren; Farels Bericht läßt ihre Nähe zu den Zürcher (1523) und Berner (1528) Schlußreden erkennen. – **14** HBLS II 541. – **15** HBLS II 496. – **16** Entscheidend für Berns Entschluß im Januar 1536. – **17** Borgeaud 329–334. – Gemäß Wortlaut war der Eid nicht die Einführung, sondern die Ratifikation der Reformation. – R. M. KINGDON: Was the protestant reformation a revolution? The case of Geneva. In: D. BAKER (Ed.): Church, society and politics, papers... 1975, 203–222.

1 Pfister II. – Maeder V. M. 244–258. – H. E. WEBER: REf., Orth. u. Rationalismus I/I, 1937, I/II 1940. – **2** F. BLANKE: Der junge Bullinger, 1942. – R. HAUSWIRTH: Zur polit.

ger, Johannes Haller und *Johann Jakob Grynaeus* in die Geschichte eingegangen; und 3. war Bullinger nicht nur ein „Nachfolger", sondern in seiner Generation ein führender Reformator, der in den reformierten Kirchen bis um die Mitte des 17. Jahrhunderts in gleichem Ansehen stand wie Calvin.

Folgende Ereignisse wirkten sich aus:
1536 Confessio Helvetica prior. Zwinglis (†) Fidei Expositio. Calvins Institutio, erste Fassung.
1544 Luthers kurzes Bekenntnis vom Abendmahl (Vorwurf der Ketzerei).
1545 Zürcher Bekenntnis (Antwort darauf). Zwinglis gesammelte Opera lateinisch ediert von Rudolf Gualther.
1545–48 Konzil von Trient, erste Periode.
1546/47 Schmalkaldischer Krieg.
1548 Augsburger Interim. Konstanz fällt. Deutsche Flüchtlinge in Zürich.
1549 Consensus Tigurinus.
1549–51 Bullingers Dekaden, erste Auflage.
1551 Tridentinum, zweite Periode.
1552–61 Calvins Streitschriftenwechsel mit Westphal.
1553 Englische Flüchtlinge in Zürich und Basel.
1555 Locarner Flüchtlinge in Zürich. Augsburger Religionsfriede (unter Ausschluß der Reformierten und der Täufer).
1558 Bullingers Hausbuch (Hallers Übersetzung der Dekaden), erste Auflage. – Neues Bündnis Berns mit Genf.
1559/61 Genfer Akademie. Calvins Institutio, endgültige Fassung.
1562/63 Tridentinum, dritte Periode.
1563/64 Heidelberger Katechismus.
1564 Tod Calvins.
1566 Confessio Helvetica Posterior.
1572 Bartholomäusnacht. Hugenottische Flüchtlinge in Bern und Zürich.
1575 Tod Bullingers.
1580 Lutherische Konkordienformel und Konkordienbuch.
1581 Reformierte Harmonia Confessionum, Genf, auf Grundlage der Conf. Helv. Post.
1584 Bündnis Genfs mit Zürich und Bern.
1586 Johann Jakob Grynaeus Antistes in Basel.

2. Bullinger[2]

Daß *Heinrich Bullinger* in wenigen Jahren zum angesehenen Antistes und zum verehrten Ratgeber der Evangelischen in ganz Europa heranreifte, lag in seiner meditativen Frömmigkeit begründet, die sich vom Prophetismus seines Vorgängers abhebt. Als Schüler hatte er in Emmerich am Niederrhein die Stimmung der devotio moderna aufgenommen[3]. Als Student in Köln wandte er sich den westlichen Kirchenvätern zu; daneben ergriffen ihn Luthers Schriften. Als junger Lehrer an

---

Ethik der Generation nach Zwingli, Zwa XIII, 5, 1971, 305–342. – DERS.: Stabilisierung ... In: B. Moeller (Hg.): Stadt u. Kirche im 16. Jh., SVRG 190, 1978, 99–108. – HB Papers. – 3 J. STAEDTKE: Die Theol. d. jungen Bullinger, 1962, 20–27. – H. G. vom Berg in HBGesA I 1–12; HBT 43–53. – 4 K. MAEDER HBT 69–76. – 5 „Christenliche Ordnung ..." 1535. –

der Klosterschule in Kappel schloß er sich Zwingli an, hat aber lebenslang auch in wichtigen Fragen auf Luther und Melanchthon, dann auf Peter Martyr und Calvin gehört.

Als *Antistes* leitete er die *Synode*[4]; die Zensur bemängelt einmal seine Zurückhaltung in der Kritik an Mißständen. Die *Liturgie*[5] baute er aus. Erst täglich, seit 1542 zweimal wöchentlich *predigte* er, und zwar in fortlaufender Auslegung biblischer Bücher. Viele Hörer bezeugen die Klarheit und Lebensnähe seiner Predigten, aber auch sein unablässiges Drängen auf Buße, Gebet und Geduld. Daß die Hundert Predigten über die Offenbarung reißenden Absatz fanden, besonders unter Flüchtlingen, lag an der Zeitstimmung. Er organisierte die *Prophezei* und die *Schulen* neu, dazu die *Armenfürsorge* und die *Krankenpflege*. Seine begehrte *Seelsorge* spiegelt die Korrespondenz.

Politisch hielt er sich zurück, außer daß er intensive persönliche Beziehungen zu Bürgermeistern und Ratsherren pflegte[6]. Doch schlug sich sein Einfluß in Zürichs freiheitlicher Atmosphäre nieder; jeder konnte katholische, lutherische, täuferische Bücher kaufen, und während seiner Wirksamkeit gab es in Zürich kein Todesurteil wegen kirchlicher Dinge.

Politischer Sprengstoff lag jedoch immer in der bewundernswürdigen Aufnahme von *Flüchtlingen*[7]. Es kamen 1548 Interims-Vertriebene; nicht wenige fanden eine Anstellung. Nach den Regierungsantritt Maria Tudors 1553 weilten eine Reihe hervorragender Engländer[8] in Zürich; Bullingers Kirche wurde ihr Vorbild. Eine Bereicherung brachte Zürich die großzügige Aufnahme der „Christlichen Gemeinde zu Locarno"[9] 1555. Deren Ausweisung entsprach dem Zweiten Landfrieden; die Elite von Medizinern, Juristen und Kaufleuten mit weiten Verbindungen trug zum wirtschaftlichen Aufschwung bei. Die nach der Bartholomäusnacht 1572 eintreffenden Hugenotten spannten Bern und Zürich bis an die Grenzen ihrer Finanzkraft an. Eine Frucht von Bullingers kluger, mit der Obrigkeit verbundenen Leitung war die für jene Jahrzehnte seltene *Eintracht* der Kirche, von vielen Besuchern gerühmt.

Bullingers Beziehungen nach außen spiegeln sich in seiner *Korrespondenz*[10], die sämtliche evangelische Kirchen der Schweiz und fast alle Europas systematisch begleitete und beriet. Die verbotenen politischen Beziehungen zu den einstigen Burgrechtsstädten und zu Hessen wurden durch geistige ersetzt und erweitert. Die *Solidarität der Reformierten* verbreitete und vertiefte sich. Genannt sei das Verhältnis zu *Calvin*[11]; Calvins Werbung um die Lutheraner unter Distanzierung von Zwingli, dann Zürichs mahnendes Gutachten im Caroli-Handel 1537 machten es anfangs nicht leicht. Allmählich wurde es vertrauensvoll, zuletzt herzlich, auch bei Differenzen. Auf Luthers Angriff 1545, so wünschte Calvin, sollten die Zürcher nicht antworten; auf Ratsbefehl taten sie es doch[12].

E. Koch in JL'H 1965, 22–34. M. Jenny in HGBesA I 209–230. – **6** H.P. Stucki: BM H.R. Lavater, 1973. – **7** J.C. Moerikofer: Gesch. d. ev. Flüchtlinge in d. Schweiz, 1876. – **8** Hooper. Parkhurst, Jewel, Cole u.a. P. Boesch in Zwa IX/9, 1953. – M.A. Simpson: Defender of the Faith, 1978. – **9** R. Pfister: Um des Glaubens willen, 1955. – Zwa X/3, 1955. – **10** HBW, 2. Abt., Briefwechsel. Über 12 000 Stücke, etwa 1500 von Bull. – Teil-Editionen: H. Robinson: Original Letters ... 2 Bde, 1846/47. – Ders.: The Zurich Letters ... 2 Bde, 1842/45. Herminjard. Th. Wotschke (Hg.): Der Briefwechsel d. Schweizer m. Polen, 1908. – Schiess. – Ders.: Bullingers Korrespondenz m. d. Graubündnern, 3 Bde, 1904/08. Ferner d. Editionen d. Briefe Melanchthons, Vadians, Calvins, Bezas. – **11** ZwRef 592f. (Lit.). – **12** EFK. Müller Nr. 12. – W.F. Dankbaar in HBGesA I. – **13** Diarium 99,6.

Auswärts entfremdete die Wittenberger Konkordie Straßburg und Zürich. Philipp von Hessen verlangte immer wieder Rat; seiner Doppelehe widersprach der Antistes; aber der Sohn Christoph Bullinger kam als hessischer Soldat in Frankreich ums Leben [13]. Genannt seien nur noch: Kurfürst Friedrich der Fromme und Erastus in der Pfalz, Johannes a Lasco und Micronius in Friesland, Hardenberg in Bremen, Erzbischof Hermann von Wied in Köln; aus Sachsen wollte Zürich Melanchthon holen [14]. Im Verkehr mit Frankreich erscheinen die Prinzen Condé, die Colignys, Ramus, die Synoden von Nîmes und La Rochelle, mit England Cranmer, Hooper, Eduard VI, der Herzog von Suffolk und seine Tochter, die unglückliche Jane Gray; dann Königin Elisabeth; mit Ungarn [15] Honterus, Melius, Huszar. Ganz Osteuropa brauchte Warnung vor Unitariern; über den Beziehungen nach Italien und Spanien lag der Schatten der Gegenreformation besonders schwer.

Bei Bullingers *Werken* [16] darf man die Fülle der Manuskripte [17] nicht übersehen. Mit seiner Sammlung von Dokumenten und Quellen und der Methodik seiner Chronistik gehört Bullinger zu den Anfängen wissenschaftlicher Historiographie. An die Schweizer und die Tigurinerchronik reiht sich die oft kopierte Reformationschronik [18] 1519–32, aufgrund lebenslanger Notierungen erst 1567 abgeschlossen. Aus den gedruckten Werken seien wegen Thematik und Verbreitung herausgegriffen: De Testamento seu foedere Dei unico ... 1534; Der alte Glaube 1537; De scripturae sanctae autoritate 1538; Der heilige Ehestand 1540; Zürcher Bekenntnis 1545; Libellus epistolaris ... nach Ungarn 1559 [19] (verständnisvolle Ratschläge für Christen unter nichtchristlicher Herrschaft); Der Wiedertäufer Ursprung 1560 [20]. Kommentare zum ganzen Neuen und fast dem ganzen Alten Testament.

Die Sermonum *Decades* quinque [21], 1549, enthalten keine Textpredigten, sondern je zehn Lehrreden über die Fünf Hauptstücke, zur Anleitung übernommener oder angehender Theologen, zweifellos aus der Prophezei hervorgegangen. Ihre didaktische Klarheit veranlaßte Johannes Haller in Bern, sie 1558 auf deutsch als „*Hausbuch*" auch den Laien in die Hand zu geben. Unter diesem Titel trat das Buch auf deutsch, englisch, holländisch und französisch einen hundertjährigen Siegeszug durch die Gemeinden an. Es verarbeitet die Diskussionen der Zeit, polemisiert aber nicht. Gerade so stellt es „das Zürcher Gegenstück zu Calvins Institutio" [22] dar, die sich an Theologen wendet.

Bullingers *Theologie* [23] prägt weitgehend die Gemeindefrömmigkeit vieler reformierter Kirchen, wie diejenige Melanchthons, die der Lutheraner, so daß ihr Erbe bis heute unbewußt weiterlebt. Das erschwert die Abgrenzung; die Erschließung hat aber begonnen. Wir skizzieren einige Haupt-Elemente. a) Einen für die Zukunft der reformatorischen Theologie entscheidenden Fortschritt hat Bullinger damit vollzogen, daß er den von Zwingli übernommenen [24] Begriff des Bundes

– 14 W. H. NEUSER in HBGesA II. – 15 J. SCHLEGL in Zwa XII/5, 1966. – M. BUCSAY in HGBesA II. – E. ZSINDELY ebda (Lit.). – 16 HBBibl I 1972; II 1977. – 17 Verzeichnis in HBBibl in Vorb. – 18 Bull I, II, III, 1838/40. Reg. v. W. WUHRMANN, 1913. – 19 Editio bilinguis m. deutscher Einleitung v. B. NAGY, 1967. – 20 H. FAST: Hch. Bullinger u. d. Täufer, 1959. – 21 Hollweg. – 22 Hollweg 25. – 23 P. WALSER: Die Prädestination bei Hch. Bullinger 1957. – DERS.: B's Erklärung des Unservaters, in HBGesA I. – E. KOCH: Die Theologie der Conf. Helv. Post., 1968 (zieht auch B's übrige Gesamttheologien heran). – J. TOEKES: Commentarium (sic) in Conf. Helv. Post., Interpretatio petita ex operibus H. Bullingeri, 2 Bde, 1968. – DERS.: B's hermeneutische Lehre, in HGBesA I. – G. W. LOCHER: B. und Calvin – Probleme des Vergleichs ihrer Theologien, in HBGesA II. – W. A. SCHULZE: B's Stellung zum Luthertum, in HBGesA I. – J. STAEDTKE: B's Theologie – eine Fortsetzung der zwinglischen? in HBT. – 24 J. W. COTTRELL in HBGesA I. – 25 H. A. Niemeyer 191–217. (Text mit

Gottes ins Zentrum rückte. „Testamentum" und „foedus" finden sich natürlich auch bei Calvin, aber bei Bullinger faßt der „Bund" alle loci zusammen und bestimmt sie. Er verbindet Altes und Neues Testament, Christologie und Pneumatologie, Dogmatik und Ethik, Glaube und Leben, Individual- uund Sozialethik, „Kirche" und „Staat"; er begründet die Offenbarung im Worte Gottes, die Gemeinde, die Sakramente. Er umspannt die Schöpfung wie Leben und Sterben des Einzelnen. Gegenüber Rom sicherte er die Unmittelbarkeit der Seele zu Christus, gegenüber Luther verband er Gesetz und Evangelium. Daß dieses biblische Motiv im Zentrum des Glaubens zur Prädestination in Konkurrenz trat, hat die Calvinistische Orthodoxie vor schier unlösbare Probleme gestellt. b) „Bund" ist ein geschichtlicher Begriff. Bullinger betont wie Zwingli die geistliche Autorität des Wortes Gottes gegenüber allem Kreatürlichen, führt aber stärker dessen Geschichtlichkeit von den biblischen Zeugen bis zum gegenwärtigen Predigthörer hin aus. Er hat das hermeneutische Problem des Schriftprinzips begriffen. c) Von hier aus kann er Stufen, ja Spannungen in den biblischen Urkunden anerkennen und für die Praxis Entscheidungen nach verschiedenen Vorbildern freigeben. d) Die Stimmungen in solch einem lebendig-harmonischen System sind die einer mild-orthodoxen Kirchlichkeit und einer mild-pietistischen Einzel-Frömmigkeit.

3. Der Consensus Tigurinus 1549 [25]

Die Kirchen in Zürich und Genf waren bekenntnismäßig eng verwandt und hielten von Anfang an zusammen. Daß es erst nach 13 Jahren zu einer gemeinsamen Deklaration kam, lag u. a. an der Befürchtung, eine Diskussion könne die Differenzen vertiefen. Bullinger scheute nach der Enttäuschung mit der Helvetica prior den neuen Streit um Einigungsformeln; Calvin, mit Melanchthon befreundet, hoffte, Wittenberg und Zürich auf der Linie seiner Sakramentslehre versöhnen zu können, obwohl er von Luthers Angriff 1544/45 mit getroffen war. Nach Calvins Plänen sollte sogar der Zürcher Konsens der Einigung der Protestanten dienen. Für seine plötzliche Initiative dürfte die Niederlage der Schmalkaldener und damit deren erhoffte Verständigungsbereitschaft der wichtigste Grund gewesen sein. Nach langwierigen Korrespondenzen kamen Calvin und Farel Ende Mai 1549 nach Zürich und verständigten sich in zwei Stunden mit Bullinger in 26 Artikeln über das *Abendmahl*. Die Entscheidung fällt in Artikel VII: Er läßt zwar Zwinglis „subjektivistische" Auffassung der Sakramente als Zeichen und Kennzeichen gelten, „doch ihr Hauptzweck ist der, daß Gott uns durch sie seine Gnade bezeugt, vergegenwärtigt und besiegelt". Die objektive Gabe steht im Vordergrund. Hier hat Zürich verzichtet. Andrerseits hat es sich mit der Betonung der freien Wirksamkeit des Geistes durchgesetzt. Damit, daß die Artikel Termini wie „pondus" und „substantia" vermieden, blieben sie für Calvin unvollständig.

Gemeinsame Vorsicht schaltete mannigfache persönliche Vorbereitung ein, bevor der Text 1551 veröffentlicht wurde. Die Schweizer reformierten Städte nahmen ihn sofort, nur Bern erst nach einigem Sträuben an.

Calvins Apologie). – EFK. Müller, Nr. 13. – E. Bizer 234–299. – O. E. STRASSER: Der Consensus Tigurinus, Zwa IX/I. 1949, 1–16. – W. NYENHUIS: Calvinus Oecumenicus, 1958, 112–131. – G. W. Locher in HBGesA II, 28–31. – E. SAXER: „Siegel" und „Versiegeln" ... in Zwa XIV/8, 1977; hier 420–425. – U. GAEBLER: Das Zustandekommen des Consensus Tigurinus 1549, ThLZ 1979/5, 321–332. – 26 Edition v. W. HERRENBRÜCK bei Niesel

Nicht der Consensus von 1549, sondern der Heidelberger Katechismus von 1563 hat jedoch auf die Dauer in Deutschland, der deutschsprachigen Schweiz und den Niederlanden das Abendmahlsverständnis der reformierten Gemeinden bestimmt.

4. Die Confessio Helvetica Posterior 1566[26]

Mit diesem Dokument, ursprünglich einem Privatbekenntnis von 1561, kam der Antistes Kurfürst Friedrich III. von der Pfalz zu Hilfe, als er vor dem Augsburger Reichstag 1566 sein durchgreifendes Reformationswerk zu verantworten hatte und dort seine Übereinstimmung mit dem internationalen Protestantismus beweisen wollte.

Am Reichstag selbst kam es nicht zum Zug; das imponierende Auftreten Friedrichs und die Türkengefahr verschoben dessen Verurteilung ad calendas Graecas. Aber die *„Confessio Helvetica Posterior"* verband kraft ihres Gehalts und ihrer Klarheit bald die schweizerischen Kirchen und wurde – neben dem Heidelberger Katechismus – zur *einflußreichsten reformierten Bekenntnisschrift*.

Josias Simlers Vorrede betont den Willen zur Einigkeit. Das Edikt des Theodosius von 380 deklariert die Orthodoxie im reichsrechtlichen Sinn. Die „Confessio et Expositio simplex orthodoxae fidei et dogmatum catholicorum syncerae religionis Christianae" hält in 30 Kapiteln im ganzen die traditionelle Anordnung ein. Doch setzt sie mit einem lebendigen Schriftprinzip ein; das berühmte Marginal „Praedicatio Verbi Dei est Verbum Dei" spricht nicht vom Amt, sondern vom Geist und von der Schrift[27]. Typisch ist die Stellung des Evangeliums vor der Busse und die Verknüpfung der Eschatologie mit der Christologie. Die Ekklesiologie betont das Amt, die Sakramentslehre verbindet Zwinglis Klarheit mit Calvins Gnadengabe. Gemeindegerecht ist die ständige Ausrichtung auf die praxis pietatis. Die Erwählungslehre steht in Zwinglis Tradition; die Sozialethik jedoch klingt konservativ und mahnt zu Gehorsam und Frieden. Übrigens erscheint der Bundesbegriff selten.

5. Das Collegium

Die Zürcher Theologen an der „Prophezei" haben nicht nur in wenigen Jahrzehnten für die Ostschweiz einen hervorragenden Pfarrerstand herangebildet, sondern auch literarisch in ganz Europa, sogar in lutherischen und katholischen Bereichen, durch ihre Bibel-Kommentare tiefe und weite Wirkungen erzielt, dies noch vor, dann neben den Schriftauslegungen Calvins und Bezas, die daran anknüpften. Zu nennen sind der Alttestamentler *Conrad Pellican*[28]; der Hebraist, Arabist und Koranübersetzer *Theodor Bibliander*[29]; er zog Zwinglis Linie der Universalität des Geistes aus und griff Vermiglis praedestinatio gemina an; der

---

219–275. – Übersetzung: v. R. ZIMMERMANN und W. HILDEBRAND: Das Zweite Helvetische Bekenntnis 1936, ²1966; v. P. JACOBS in: Reformierte Bekenntnisschriften ..., 1949. – W. HOLLWEG: Der Augsburger Reichstag von 1566, ..., 1964. – J. STAEDTKE (Hg.): Glaube und Bekennen, 1966. (7 Beiträge zur Geschichte und 9 zur Theologie der CHPost; 15 Autoren). Dazu Rezension von L. v. Muralt in Zwa XII/6, 1966, 377–390. – W. E. Meyer: Soteriologie, Eschatologie und Christologie in der CHPost. Zwa XII/6, 1966, 391–409. – E. KOCH s. Anm. 37. – J. TOEKES s. Anm. 37. – G. W. Locher: Das Zweite Helvetische Bekenntnis, HZnS 275–287. – 27 HZnS 275–287. – 28 CHR. ZUERCHER: Pellicans Wirken in Zürich, 1975. – 29 E. EGLI: Bibliander ... Anal. II 1–44. – J. Staedtke: Der Zürcher Prädestinations-

Prediger und Erbauungsschriftsteller *Rudolf Gualther*[30], Zwinglis Schwiegersohn und Editor der lateinischen Gesamtausgabe seiner Opera; schließlich der Florentiner *Peter Martyr* (Vermigli)[31], der bereits in Straßburg und England eine europäische Gestalt geworden war und Kommentare zum Alten und Neuen Testament, aber auch zur Nikomachischen Ethik des Aristoteles verfaßte. Sein Streit mit Brenz über die zwei Naturen Christi wickelte sich in scholastischen Begriffen ab. Sonst bemühte er sich um Verständigung mit den Lutheranern; doch die Wittenberger Konkordie lehnte er ab. Die weiteste und längste Verbreitung fanden seine Loci communes 1561. Abgesehen von der Praedestination bewegte er sich mehr auf Zwinglis als auf Calvins Linien.

6. Der Spätzwinglianismus

Der Charakter einer Kirche läßt sich in jeder Epoche an ihrem Abendmahl erkennen. Zwinglis Kirchen gingen über zu Bullinger und Calvin: von einer geistlichen Handlung der Gemeinde zum Empfang einer göttlichen Gabe.

Ihr Verhalten änderte sich. Die Geistlichen schickten sich in ihre Aufgaben und in die begrenzten Möglichkeiten ihrer bürgerlichen Obrigkeiten. Die verhinderte politische Energie schlug in Verinnerlichung um. Der Druck der Gegenreformation erzog auch den Laien zur Orthodoxie. Der Geist wich zurück hinter Schrift und Amt. Die deutschschweizer reformierten Gemeinden wurden fromm, fleißig und friedlich. Gerade so wirkten ihre Lehren und ihr Vorbild weit in den Nordwesten und den Südosten Europas. Aber die Initiative ging an Genf über, wo nicht die Bürger, sondern Flüchtlinge die Führung hatten.

XV. Charakterzüge der Deutsch-Schweizer Reformation. Ausstrahlungen

1. Eine Wesensbeschreibung[1] der von Zwinglis und Bullingers Werk vertretenen Bewegung darf sich nicht an der Unterscheidung von andern Zweigen der Reformation orientieren, muß aber im Auge behalten, daß auch Übereinstimmungen mit solchen in Lehre oder Gestaltung möglicherweise durch andere Zielsetzungen oder Zusammenhänge einen verschiedenen Sinn haben.

---

streit 1560, Zwa IX/9, 1953, 536–546. – Maeder V.M. 239–242. – 30 G.R. ZIMMERMANN: Die Zürcher Kirche ... ihre Antistes, 1877, 73–103. – 31 M.W. ANDERSON: Peter Martyr, 1975.

1 Sie ist oft versucht worden und erweist sich in der Tat auch bei Einzelstudien als notwendig. K. GUGGISBERG: Das Zwinglibild des Protestantismus im Wandel der Zeiten, 1934. – F. BUESSER: Das katholische Zwinglibild von der Reformation bis zur Gegenwart, 1968. – Wir greifen heraus: L. v. RANKE: Deutsche Geschichte im Zeitalter der Reformation, 1839/47, 5. Buch, Kap. 3 ff.: Die Reformation in der deutschen Schweiz. – Dazu: F. SCHMIDT-CLAUSING: Das Zwinglibild L. v. Rankes, Zwa XIV/3, 1975, 145–153. – K. B. HUNDESHAGEN: Beiträge zur Kirchenverfassungsgeschichte ... I, 1864. – W. DILTHEY: Auffassung und Analyse des Menschen im 15. und 16. Jahrhundert, 1891. (9. Aufl. in Sammlung Vandenhoeck, 1970.) W. KOEHLER: Die Geisteswelt Ulrich Zwinglis, 1920. – B. MOELLER, Reichsstadt ... 1962. – H. CHR. RUBLACK: Forschungsbericht Stadt und Reformation. In: B. MOELLER (Hg.): Stadt und Kirche im 16. Jahrhundert, 1978, 9–26. – ZwRef 1979; dazu ZKG 1978, 31–35. – Wir stellen die folgende, der hier gebotenen Kürze unterliegende Skizze neben die Beschreibung von sechs Aspekten durch H. A. OBERMAN, Werden 370–378.

Eine Analyse der oberdeutschen Reformation, insbesondere des Zwinglianismus, stößt u. a. auf folgende *Merkmale*:

1) *„Schriftprinzip"*. Der Ausdruck ist mißverständlich, denn es liegt zunächst kein Prinzip vor, sondern eine Erfahrung: die Entdeckung des auf Grund des Neuen und Alten Testaments gepredigten Wortes als Quelle und Weisung zu einer Erneuerung des Lebens. Gemeint ist das gesamte Leben, also in erster Linie die Gesellschaft. Die Predigt muß deshalb öffentlich erfolgen, was ihr rechtliche und verpflichtende Kraft verleiht.

2) *Frontstellung*. Das Gotteswort richtet sich hier gegen menschliche Autorität, Lehre und Überlieferung in göttlichen Dingen, damit zunächst gegen die römische Hierarchie und ihr Kirchenprinzip, darüber hinaus gegen die Bindung ans Kreatürliche, gegen Idolatrie und Superstition, gegen die Verfallenheit ans Ich. Gottes Anspruch befreit.

3) *Das Kreuz*. Die in 1) und 2) vollzogene Entscheidung wurzelt in der Anerkennung Jesu Christi als unsers Versöhners bei Gott und als des gegenwärtigen Lenkers seiner Gemeinde durch seinen Geist und lebt von ihr.

4) *Heiligung*. Jene Anerkennung der Erlösung setzt sich um in den bewußten Willen zur Reformation von Kirche und Gesellschaft. Die für die reformierte Tradition bekannte Betonung der „Heiligung" neben derjenigen der „Rechtfertigung" ordnet im oberdeutsch-schweizerischen Zweig die Heiligung des Zusammenlebens (der „Strukturen") noch derjenigen des Einzelnen vor.

5) *Gestaltung*. Das führt zum Versuch, die alltäglich-genossenschaftlichen Formen mit christlichem Geist zu füllen.

6) *Kirche*. Dabei ergibt sich die Notwendigkeit eines prophetischen Gegenübers von „Kirche" und „Staat", aber auch die Unmöglichkeit ihrer Trennung. Hier liegen auch die Schwierigkeiten eines paritätischen Nebeneinanders der Konfessionen.

7) *Ethik*. Es ergibt sich ferner, daß die Beziehung zwischen göttlicher und menschlicher Gerechtigkeit die Unterscheidung derselben überwiegt.

8) *Konsequenzen*. Von diesen Ansätzen aus ergeben sich in der ersten Epoche sozial-evolutionäre, sogar revolutionäre, in der zweiten friedenswahrende, konservative Tendenzen.

9) *Communio*. Schließlich entspricht dieser Reformation als Gemeinschaftsbewegung eine Nachtmahlfeier als Bestätigung der Zusammengehörigkeit mit Christus und miteinander unter symbolischer Auslegung der Einsetzungsworte.

2. Politisch ist die Zürcher Reformation 1531 in der Deutschschweiz und in Süddeutschland zurückgeworfen und auf die Gebiete der fünf evangelischen Städte begrenzt worden. Als *Bewegung* hat sie jedoch, in Verbindung mit den von Straßburg und Konstanz ausgehenden Kräften, bis 1545 ihre weiteste Ausdehnung erreicht[2]. Ferner hat der Vorstoß Berns nach Westen dort den Einflußbereich erweitert und in Genf das Zentrum für den weltweit wirkenden Calvinismus entstehen lassen und geschützt.

Die weitgehende Übereinstimmung überrascht um so mehr, als Oberman von den (überzeugend dargelegten) Traditionszusammenhängen mit der via antiqua ausgeht, während wir das unmittelbare theologische Selbstverständnis der Oberländer wiedergeben, das nicht in erster Linie an ihrer Luther-Rezeption interessiert ist. Wir stimmen Oberman insbesondere darin zu, daß das Reformationsziel der Oberländer ein anderes ist als das der Sachsen; es ist stärker auf das bonum commune ausgerichtet und zugleich stärker pneumatologisch motiviert. 2 Moeller Reichsstadt. – 3 ZwRef Kp XXIV, 621–680. – 4 H. KRESSNER: Schweizer Ursprünge des

3. Trotzdem hat in Deutschland noch im 16. Jahrhundert der Anschluß an die Wittenberger Konkordie und die Confessio Augustana, in Westeuropa seit dem 17. Jahrhundert die Überlagerung durch Calvinismus und Puritanismus die Erinnerung an den Beitrag[3], den der *Zwinglianismus* an die Entstehung des Protestantismus geleistet hat, begreiflicherweise *gedämpft*. Zudem starb seine Verwurzelung in den städtischen und dörflichen Gemeinden infolge der Entwicklung der absolutistischen Territorialstaaten ab.

Dennoch blieb vom Zwinglianismus in den reformierten und anglikanischen[4] Kirchen mehr lebendig, als den Gemeinden und in der Regel auch den Historikern bewußt ist.

4. Zwinglis und Oekolampads Werke wurden in den Niederlanden[5], in England[6] und in Schottland viel gelesen. In Frankreich dürfte die politische Loyalität der „Nikodemiten", später der Widerstandswille der Hugenotten auch Zwinglische Wurzeln haben, sowie in den Niederlanden die humanistisch-nationale Bewegung vor und neben dem Calvinismus. In England gab es Übersetzungen von sechs Zwinglischriften[7] in die Volkssprache, wobei allein die Fidei Ratio vier Ausgaben erlebte; und die Prozeßakten führender wie unbekannter Märtyrer zeigen, wie tief und weit ihre Lehren aufgenommen waren. In Schottland war bis zur Rückkehr von John Knox die Bewegung überwiegend zwinglianisch, was die Confessio Scotica beweist: sie muß gegen Zwinglis Abendmahlslehre ausführlich polemisieren, übernimmt aber seine Erwählungslehre.

5. Stark von Zwingli beeinflußt waren *Reformatoren* wie Lambert in Hessen, a Lasco und Utenhoven und ihre Gemeinden in Ostfriesland und London. Über Bucer und direkt hat auch Calvin mehr von ihm geerbt, als ihm bewußt ist[8].

6. Unter *Institutionen*, die noch auf den ursprünglichen Zwinglianismus zurückgehen, sind in erster Linie die Disputationen zu nennen, die nach dem Zürcher Vorbild für die frühen reformierten Kirchen eine ähnliche Rolle spielten wie die Visitationen bei den lutherischen[9]. Das liturgische Erbe wurde schon skizziert. Die für den Calvinismus fundamentalen Consistorien und ihre Disziplinarordnungen folgten dem Zürcher Ehegericht[10]. Die „Prophezey" aber hat in mancherlei Abwandlungen in Süddeutschland, Ostfriesland, Schottland und England jahrzehntelang eine seminarartige theologische Laienschulung durchgeführt und zugleich in den Gemeinden die Aussprache gefördert. Nach ihrer Umformung zur Theologenschule durch Bullinger und nach der parallelen Schöpfung Meganders in Bern wurde sie das Vorbild der Genfer Akademie und beeinflußte die Entwicklung der Reformierten Hohen Schulen in Westdeutschland[11].

---

anglikanischen Staatskirchentums, SVRG Nr. 170, 1953. – 5 Z VIII 652,9. – C. PESTALOZZI: Hch. Bullinger, 1858, 470. – 6 G. W. LOCHER: Zwinglis Einfluß in England und Schottland, Zwa XIV/4, 1976, 165–209. – 7 DERS.: „The most godly man Zwinglius", NZZ 16. Februar 1980, 69. – 8 A. LANG: Die Quellen der Institutio von 1536, EvTh 1936, 100–112. – E. SAXER: Aberglaube, Heuchelei und Frömmigkeit, 1970. – 9 B. MOELLER: Die Ursprünge der reformierten Kirche. ThLZ 1975, 641–653. – 10 W. KOEHLER: Zürcher Ehegericht und Genfer Konsistorium, 2 Bde, 1932/42. – 11 H. PIXBERG: Der deutsche Calvinismus und die Pädagogik, 1952. – U. IMHOF: Die Gründung der Hohen Schule zu Bern 1528, In: H. RINGELING (Hg.): 450 Jahre Berner Hohe Schule 1528. 1978, 9–19. – 12 J. STAEDTKE HB Bibl I, 1972. – 13 F. BUESSER: Hch. Bullinger und die Zürcher Reformation, NZZ, 10. Februar 1979, 70. – DERS.: Bullinger, nicht Calvin, Zur Auslegung der neutestamentlichen Briefe durch Hch. Bullinger, NZZ 6./7. November 1976, 59. – 14 Über die Zurücksetzung Bullingers an der Dordrechter Synode 1617 s. GWL in HBGesA II. –

7. Von der mächtigen Ausbreitung des *Spätzwinglianismus* in Westdeutschland, den Niederlanden, England, Polen und Ungarn-Siebenbürgen war bereits die Rede; sie wurde getragen von den allerwärts lateinisch und übersetzt gedruckten Werken Bullingers[12]. Es scheint, daß deren Auflagen einige Jahrzehnte hindurch sogar diejenigen Calvins und Bezas übertroffen haben[13]. Das dürfte in der Tiefe, der Praxisbezogenheit und der didaktischen Klarheit seiner Darlegungen begründet sein. Die gleiche Lebens- und damit Zeitnähe ließ dann nach hundert Jahren das Interesse daran schwinden[14], während Calvins zeitlose Unterweisung ihre verborgene Aktualität nie verliert.

Nachwort

Nachdem lange Zeit ein einheitliches Bild der schweizerischen Reformationsgeschichte vorherrschte, hat die Forschung in den letzten Jahrzehnten nicht nur zahlreiche Quellen erschlossen, sondern namentlich auch neue Fragestellungen zur Geltung und damit lebhafte Diskussionen in Gang gebracht. Infolge der einem Handbuch gesetzten Grenzen ließ sich davon manches nur thematisch anzeigen oder skizzieren. Darstellung, Anmerkungen und Literaturangaben mußten ohnehin auf das Wichtigste beschränkt werden. Wem die vorgelegten Begründungen zu knapp erscheinen, der sei für die historischen Dinge verwiesen auf „Die Zwinglische Reformation im Rahmen der europäischen Kirchengeschichte", V&R Gö 1979, für die theologischen auf die monographischen Aufsätze in „Huldrych Zwingli in neuer Sicht", TVZ 1969, und „Streit unter Gästen", ThSt 110, TVZ 1972.

Doch bietet unser Beitrag keineswegs nur das Kompendium bisheriger Veröffentlichungen. Er versucht vielmehr, manche Motive und Ereignisse unter neuen Gesichtspunkten vorzutragen und bringt Ergänzungen oder Berichtigungen aufgrund der Arbeit der letzten Jahre bei; das betrifft u.a. die Abschnitte über die Zürcher Disputationen, die Bewegung in Bern, die Schlacht bei Kappel und das Kapitel über Zwinglis Theologie.

Ein schuldiger, aber gern abgestatteter Dank gebührt meiner Frau für die Bereinigung des Manuskripts und dem verdienten Assistenten meines Tübinger Gastsemesters VDM J. Marius J. Lange van Ravenswaay, der wertvolle Hinweise lieferte und die Korrekturen las.

27. Februar 1982   G. W. Locher